HELMUT F. KAPLAN

Digitale Höllenfahrt

Zum Katastrophenpotential virtueller Kommunikation

HELMUT F. KAPLAN

Digitale Höllenfahrt

Zum Katastrophenpotential virtueller Kommunikation

Helmut F. Kaplan, geboren 1952, ist Philosoph und Autor und lebt in Salzburg. Er arbeitet hauptsächlich über Tierethik und Tierrechte. Zuletzt erschienen von ihm die aktualisierten bzw. erweiterten Neuauflagen von „Leichenschmaus - Ethische Gründe für eine vegetarische Ernährung" und „Leben, Lieben, Leiden" (Aphorismen).

Copyright © 2012 Helmut F. Kaplan

ISBN: 978-3-8448-1881-9

Herstellung und Verlag: Books on Demand GmbH, Norderstedt

Umschlaggestaltung: Kevin T. Fischer, Werkgemeinschaft Buchbande

Satz und Layout: Kevin T. Fischer, Werkgemeinschaft Buchbande

Fotos Umschlag: © Elnur - Fotolia.com, © Svetlana Gryankina - Fotolia.com,

© nattstudio - Fotolia.com

Bibliografische Information der Deutschen Nationalbibliothek:

Die Deutsche Nationalbibliothek verzeichnet diese Publikation in der Deutschen Nationalbiografie; detaillierte bibliographische Daten sind im Internet über http://dnb.dd-nb.de abrufbar

Inhalt

Einleitung

Auf der Sachebene ist die Geschichte rasch erzählt: Im Herbst 2008 lernte ich im Internet eine junge Frau kennen. Schnell entwickelte sich ein sehr intensiver Mailkontakt. Im Dezember 2008 kam es zu einer zweistündigen realen Begegnung. Im Februar 2009 wurde die Korrespondenz nach einer heftigen Auseinandersetzung beendet. Es folgten noch ein paar „belanglose" bzw. folgenlose Mails. Das Tagebuch wurde vom 28. Juli bis 17. November 2009, also *nach* der Beziehung, geführt.

Immer wieder stellte sich mir die Frage, was denn der Sinn dieses Tagebuchprojekts sein könnte, zu welchem Ergebnis es denn führen könnte? Nun, in gewisser Weise handelt es sich zunächst um so etwas wie „Grundlagenforschung" – deren vorrangiger Zweck eben nicht ein konkretes Ergebnis, sondern allgemeiner Erkenntnisgewinn ist. Im vorliegenden Fall geht es um den Einblick in die „Mechanik" eines Phänomens, der Liebe bzw. Verliebtheit, das vielleicht folgenreicher ist als jedes andere – im Guten wie im Schlechten: Fast alle Kunstwerke verdanken wohl (zumindest auch) der Verliebtheit ihr Entstehen, aber auch viel Leiden und viele Verbrechen haben hier ihren Ausgangspunkt. Außerdem ergaben sich, wie sich gleich zeigen wird, im Zuge der Arbeit auch durchaus „praktische" Ergebnisse.

Beim folgenden Tagebuch handelt es sich um das Protokoll des Endes einer ebenso großen wie (fast) gegenstandslosen, „Gegenüber-losen" Liebe, einer Maximal-Version dessen, was Liebe immer ist: Phantasie,

Projektion, phantastische Projektion. Im vorliegenden Fall ist die Annäherung ans Nichts freilich besonders weitgehend: Die die Liebesphänomene auslösende Person existiert in der Realität praktisch nicht.

Beim nachträglichen – formalen – Bearbeiten der Tagebucheintragungen hat sich ein willentlicher Perspektivenwechsel, ein absichtliches „emotionales Umschalten" als unverzichtbar erwiesen: von der tagesaktuellen Stimmung bzw. Haltung bei der Arbeit auf jene Stimmung bzw. Haltung zur Zeit der jeweiligen Eintragung. Ohne dieses „Umschalten" auf den „mentalen Originalzustand" wären die Aufzeichnungen ja sukzessive ihrer – entscheidenden – emotionalen und existentiellen Komponenten beraubt worden, quasi klinisch rein geworden.

Die Fähigkeit zu einem solchen willentlichen Perspektivenwechsel kann auch allgemein in zumindest zweifacher Hinsicht nützlich sein. Erstens resultiert daraus ein Erkenntnisgewinn: Wenn ich ein und dasselbe Phänomen von verschiedenen Blickwinkeln aus betrachte, sehe ich naturgemäß mehr, als wenn ich es nur von einem Blickwinkel aus betrachte. Zweitens kann ein solcher Perspektivenwechsel in Krisensituationen äußerst hilfreich sein: Wenn es mir beispielsweise gelingt, von einer belastenden bis vernichtenden Sichtweise auf eine sachliche, „objektive" Sichtweise „umzuschalten", kann dies schlicht lebensrettend sein.

Das Tagebuch ist auch ein Dokument des (genauen) Hinsehens und Aushaltens - auch wenn dieses Hinsehen und Aushalten sehr schmerzlich ist. Nietzsche habe an den „Grenzen unserer Existenz gedacht, gedichtet und gelitten", sagt Manfred Lütz (Der Spiegel, 49, 2009). Darum geht es auch hier: um das Erleben, Erleiden und Erkennen am Rande der Existenz, an der Grenze des gerade noch Möglichen, des gerade noch Erträglichen.

Erkennen ist nach Nietzsche (2009, S. 67) auch eine Frage der Kraft: Wieviel Kraft habe ich, um mich der Wahrheit anzunähern? Natascha Kampusch fehlte während ihres achtjährigen Martyriums in einem österreichischen Kellerverlies diese Kraft – weil sie eingesperrt, ihrer Freiheit beraubt war. Deshalb bediente sie sich einer ebenso bemerkenswerten wie kräfteschonenden Strategie: anstatt ihren Peiniger, wie es wohl realistischer gewesen wäre, zu hassen, verzieh sie ihm – wissend, daß Haß vor allem sie selber zerstören würde. (Reichard, 2010) Gewiß ist auch die Lesart (die von Reichard auch angesprochen wird) möglich: Kampusch verzieh, weil sie die Probleme ihres Peinigers kannte und deshalb sein Verhalten verstehen konnte.

Was auch immer hier im Vordergrund gestanden haben mag – Überlebensstrategie oder Einfühlungsvermögen –, worauf ich ausgehend vom Ausnahmefall allgemein hinauswill, ist: Es gibt wirksame kräfte- und nervenschonende Strategien, die, auch wenn sie in einem prekären Verhältnis zur Wirklichkeit (oder zur Moral) stehen mögen, dennoch häufig eingesetzt werden – weniger aus Notsituationen heraus als aus Bequemlichkeit,

Feigheit oder Egoismus. Und solchen Tendenzen und Versuchungen habe ich bei diesem Projekt, beim Erleben, Nachdenken und Aufschreiben, den größtmöglichen Widerstand entgegensetzt.

Die Fähigkeit zu solchem Hinsehen und Aushalten trotz größter widerstrebender Tendenzen ist ebenfalls ein allgemein nützliches, zuweilen sogar unverzichtbares Vermögen. Ich nenne ein Negativbeispiel aus meinem Arbeitsbereich, der Tierrechtsbewegung: Eines ihrer meines Erachtens momentan größten Probleme besteht darin, daß viele Aktivisten den eher traurigen Status quo der Bewegung einfach nicht zur Kenntnis nehmen können oder wollen. Und das hat zunehmend fatale Folgen. Zum Beispiel: Wer den Mißerfolg verleugnet, hält länger als notwendig an unwirksamen Strategien fest.

Anhand eines vergleichsweise harmlosen Beispiels soll aufgezeigt werden, worin dieses genaue Hinsehen und Aushalten konkret bestehen bzw. wie es funktionieren kann. In einer gegebenen Situation mag ich mir in bezug auf die Person A die Frage stellen: Wird mir A denn wohl noch einmal schreiben? Nach einer internen Analyse differenziere ich meine Überlegungen vielleicht wie folgt:

- *Rational* betrachtet kann ich schlicht keine vernünftige Vorhersage machen, weil A eine Person ist, zu deren hervorstechendsten Eigenschaften gerade ihre Unberechenbarkeit zählt.
- Wenn ich in mich hineinhöre und mich frage, was ich denn *glaube* – intuitiv und unterm Strich sozusa-

gen –, lautet meine Antwort vielleicht: Nein, A wird mir nicht mehr schreiben.

- Und wenn ich mich schließlich frage, was ich mir denn *wünsche*, lautet die Antwort vielleicht: Ja, A wird mir wieder schreiben.

Damit hätte ich eine ziemlich realistische Antwort erarbeitet – so realistisch und aussagekräftig jedenfalls, wie es unter den gegebenen Umständen eben möglich ist. Normalerweise geht freilich kein Mensch so rational und differenziert vor – sondern mischt sich, in Abhängigkeit von Tagesverfassung und aktueller Stimmungslage, quasi im Schnell- und Schongang, eine Antwort zusammen.

Oben war von einem quasi „arbeitstechnischen" Perspektivenwechsel die Rede. Im folgenden geht es eher um einen „lebenstechnischen" Perspektivenwechsel. Charakteristisch für die Neutronenbombe ist (jedenfalls bei oberflächlicher Betrachtung der öffentlichen Diskussion, die im vorigen Jahrhundert über sie geführt wurde), daß sie „nur" Menschen tötet, aber keine Sachschäden anrichtet. Nach einem Neutronenbombenabwurf wären also die Städte unbeschädigt, aber menschenleer. Hieran anknüpfend bezeichne ich als „neutronale Weltsicht" jene Wahrnehmung, jene Weltanschauung im buchstäblichen Sinne, die sich (bei mir) einstellt nach der radikalen Verdrängung von allem, was irgendwie mit der (aktuell) geliebten Person zusammenhängt: Weil praktisch alles mit dieser Person zusammenhängt, mit ihr assoziativ verknüpft ist, durch diese Person seine emotionale bzw. existentielle Wertigkeit erhält, wird mit der Verdrängung dieser Person gleichzeitig quasi die ganze Welt (mit)verdrängt. „Mir ist das All, ich bin mir selbst verlohren", schreibt Goethe in seiner „Elegie von Marienbad" (Behrens / Michel, 1991, S. 64), in der er seine unglückliche Liebe zu Ulrike von Levetzow verarbeitet.

Verbunden mit diesem Erleben der Leere und des Nichts am Ende einer Liebe ist wohl allgemein das emotionale Erstaunen darüber, daß, obwohl die Welt (für mich) ja praktisch aufgehört hat zu existieren – zumindest in der bisherigen Form –, obwohl ich eine „totale seelische Sonnenfinsternis" (Robert Leicht) erlebe, um mich herum unverständlicherweise dennoch alles seinen gewohnten Lauf nimmt. Das Lied „The End of the World" veranschaulicht dieses Befremdetsein auf sehr anschauliche Weise:

„Why does the sun go on shining?
Why does the sea rush to shore?
Don't they know it's the end of the world,
`cause you don't love me anymore?"

Interessanterweise bediente sich Jörg Haiders Stellvertreter Reinhard Dörfler nach Haiders Tod der gleichen Bildsprache: „Über Kärnten geht die Sonne unter", sagte er.

Zurück zur neutronalen Wahrnehmung: Alle Emotionen werden quasi aus der Realität herausgezogen. Was übrigbleibt, ist sozusagen die rein physikalische Welt der Moleküle und Atome, eine Welt ohne emotionale Anmutungen, eine Welt, die „äußerlich" zwar genauso aussieht wie früher, aber nun eben ohne Menschen bzw. ohne menschliche Gefühle ist. Wenn ich die Welt „mit neutronalen Augen betrachte", fühle ich mich als letzter, einziger (Über-)Lebender. In dieser Welt ärgert mich nichts mehr, freut mich nichts mehr, regt mich nichts auf. Alles bleibt quasi auf der emotionalen Nullinie. Martin Walser (2008, S. 284) über Goethes Empfinden, genauer: Nichtempfinden nach der (vermeintlichen) Überwindung seiner Liebe zu Ulrike von Levetzow:

„Lieblosigkeit ..., eine Geräumigkeit wie noch nie, bitte, sei's Leere, eine Nichtempfindung, die alle Empfindungen übertraf, er ist erlöst, frei, das ist überhaupt Freiheit, lieblos sein, lieblos, freudlos, leblos, schmerzlos."

Auf diese Lebens- und Wahrnehmungsweise, ein quasi emotionsloses, mechanisches Abfotografieren bzw. Abfilmen der Welt, kann man nach entsprechender Übung auch willentlich „umschalten" – um deren seelenschonende und lebenserhaltende Wirkung zu nutzen. Walser (2008, S. 273) in bezug auf Goethe:

„Im Liegen hatte er ... geübt, sich ohne sie [Ulrike, Anmerkung von H. F. K] zu sehen; hatte eingeübt, dass es sie für ihn nicht mehr, nie mehr gebe; er konnte das

Gefühl haben, eine Art nichts mehr durchlassende Decke über alles geworfen zu haben."

Nietzsche (2009, S. 23) empfiehlt für Phasen des Schwachseins und übergroßer Empfindlichkeit, in denen alles verletzt, einem alles zu nahe kommt und zu nahe geht, in denen die Erinnerung „eine eiternde Wunde" ist, als einzig wirklich wirksames Heilmittel den „russischen Fatalismus", einen „Fatalismus ohne Revolte", jenen Fatalismus, „mit dem sich ein russischer Soldat, dem der Feldzug zu hart wird, zuletzt in den Schnee legt. Nichts überhaupt mehr annehmen, an sich nehmen, *in* sich hineinnehmen, – überhaupt nicht mehr reagiren." Zweck dieses Fatalismus (der psychologisch bzw. „wirktechnisch" weitgehend dem neutronalen Wahrnehmen entspricht) ist die Lebenserhaltung unter lebensgefährlichen Bedingungen. Es geht um

„die Herabsetzung des Stoffwechsels, dessen Verlangsamung, eine Art Wille zum Winterschlaf. (...) Weil man zu schnell sich verbrauchen würde, *wenn* man überhaupt reagirte, reagirt man gar nicht mehr .... Und mit Nichts brennt man rascher ab, als mit den Ressentiments-Affekten. Der Ärger, die krankhafte Verletzlichkeit, die Ohnmacht zur Rache, die Lust, der Durst nach der Rache ... – das ist für Erschöpfte sicherlich die nachteiligste Art zu reagiren." (Ebenda)

Die so gesparte Energie hilft nicht nur beim Überleben, sondern auch beim Aufarbeiten und Darstellen
des Erlebten. Apropos Darstellen: Auf der Kommuni-
kationsebene hat es fatale bis katastrophale Folgen, sich
nicht auf sein Gegenüber einzustellen – unter anderem,
weil die seelische Verletzungsgefahr dann ins Unermeß-
liche steigt. Wenn mir beispielsweise der andere signali-
siert, kein Interesse an mir zu haben, ist es – freundlich
formuliert – wenig hilfreich, ihn mit Liebesbezeugun-
gen zu überhäufen. Und: Der Restriktivere bestimmt die
Kommunikation. Will etwa mein Gegenüber nicht reden, ergibt es wenig Sinn, sein Schweigen durch eigenes
Reden durchbrechen zu wollen.

Ganz anders auf der Darstellungs- bzw. Kreativ-Ebene: Hier *darf* man sich, hat man erst einmal den Ent-
schluß zur Projektrealisierung gefaßt, von fremden Vor-
gaben oder eigenen Ängsten nicht einschüchtern oder
beschränken lassen – weil man sonst das Ganze auch
gleich lassen kann. Hier *muß* man wagen, riskieren, mu-
tig sein. Mit anderen Worten: Was auf der Kommunika-
tionsebene unsinnig oder selbstmörderisch wäre, ist auf
der Darstellungs- bzw. Kreativ-Ebene unerläßlich: mu-
tiges, ungeschütztes Darstellen dessen, worum es geht.
Ohne Rücksicht auf fremde Empfindlichkeiten oder eigene Bedenken. Hier gilt es, sich aus einer Position der
Stärke und Souveränität heraus „bewußt voll ins Risiko
zu begeben" (Georg Baselitz), hier ist „unbarmherzige
gnadenlose Objektivität" (Hans Neuenfels) angesagt.

In letzter Konsequenz resultiert aus dieser „gnadenlosen Objektivität", aus diesem pathetisch formuliert: unbedingten Willen zu Wahrhaftigkeit auch eine Relativierung dessen, was hier *über* die Tagebucheintragungen gesagt wird: Diese Erklärungen, Interpretationen und Bewertungen könnten ja ebenfalls von Ängsten, Verdrängungen, Verdrehungen und Verleugnungen mitbestimmt sein.

Schließlich noch eine Bemerkung zum Roman „Ein liebender Mann", in dem Martin Walser (2008) die Geschichte von Goethes Liebe zur viel jüngeren Ulrike von Levetzow erzählt: Hier hatte ich ein ganzes Buch lang jenes unheimliche Gefühl, das mich einmal beschlich, als ich, neben zwei sich unterhaltenden Unbekannten auf einer Parkbank sitzend, Schopenhauer las: Wie kann der nur so treffend die Dummheit meiner Sitznachbarn beschreiben! Bei Walser wunderte ich mich ununtebrochen: Wie kann der nur so treffend meine Gefühle beschreiben!

Treffen

„Wenn du da bist ruf mich bitte an – ich komm dann
einfach raus. Merci, ...
Gesendet:
18:26:40 Uhr
25.12.2008"

„Mir treffen si´ und scho´ sauf´ ma´ si´ zua."

„'Zwei Blumen', rief er, 'hört es, Menschenkinder,
Zwei Blumen blühen für den weisen Finder,
Sie heißen *Hoffnung* und *Genuß*.
Wer dieser Blumen *eine* brach, begehre
Die andre Schwester nicht. (...)
Du hast *gehofft*, dein Lohn ist abgetragen,
Dein *Glaube* war dein zugewognes Glück.'"
(Schiller, 1969, S. 27; aus: „Resignation")

„Das klingt so schrecklich, daß es wahr sein könnte."

„Einmal ... möchte ich Ihnen danken dürfen und im
Kuß Ihrer reinen Stirn die Lauterkeit Ihres Wesens in
meine Arbeit hinübernehmen."
(Martin Heidegger an Hannah Arendt)(Ludz, 2002, S.
12)

Tagebuch

28. Juli 2009

Diffuse Schwermut – das geht ja. Wie Martin Walser (2008) in seinem Romen „Ein liebender Mann" Goethe schreiben läßt (S. 246): „Du spürst, ja, so könnte es gehen, mit diesem Grad von Undeutlichkeit und Verschwommenheit kannst Du leben, das fühlt sich an wie Frieden." Eine gewisse abstrakte, unscharfe Trauer oder Traurigkeit oder Sehnsucht ist erträglich.

28. Juli 2009

Auf dem Mönchsberg. Ich sehe ein Flugzeug im Landeanflug. Mir fällt ein Traum ein: Ich bin auf einem Wiener Friedhof – vermutlich begraben oder im Begriffe, begraben zu werden. (Das geht wohl auf meine seinerzeitige Absicht zurück, mit Dir die Gräber Beethovens und Schuberts zu besuchen) Ein Flugzeug fliegt über den Friedhof. Ich habe nur den Wunsch: mitfliegen, wegfliegen, wegfliegen von hier – mit Dir. An einen schönen Ort, wo wir glücklich sein können.

28. Juli 2009

Am Mönchsberg. Ein altes schloßartiges Haus, das gerade renoviert wird. Eine Photographie des Torbogens, der die dazugehörigen großen Gärten verbindet, war vor Jahrzehnten auf einer Platte von Schuberts „Winterreise". Ich hatte Dir über einen Fernsehfilm über die „Winterreise" geschrieben („Selbstmord in 24 Liedern").

Wird das Haus für uns renoviert? Es wäre der ideale Wohnort: Wir könnten, ohne in die Stadt zu müssen, ins Bräustübl gehen. Oder, in die entgegengesetzte Richtung, in den Stieglkeller. Oder in Richtung Altstadt, vorbei an der im Gemäuer eingelassenen Tafel mit dem Trakl–Gedicht („Wo im Schatten herbstlicher Ulmen der verfallene Pfad hinabsinkt ..., immer folgt dem Wandrer dunkle Gestalt der Kühle"). Oder in die entgegengesetzte Richtung zum „Krauthügel", über die Wiese – in jenes Lokal, das zu Weihnachten wiedereröffnet hatte und in das ich gemeinsam mit Dir das erste Mal nach der Wiedereröffnung gehen wollte. Es kam nie dazu.

29. Juli 2009

Schwermut hat irgendwie ja auch etwas mit Lust zu tun, wenigstens für Schriftsteller und Künstler: Schließlich läßt sich Gleichmut schwer beschreiben oder bearbeiten (und Glück wohl noch weniger). Und Schwermut hat auch etwas mit Leben und Lebendigkeit zu tun: Man leidet zwar, aber man spürt sich auch. Gleichmut gleicht hingegen eher dem Nichtsein.

30. Juli 2009

So sehr Wolken, Nebel und Düsternis eine gedämpfte, gedrückte Stimmung hervorrufen können, so sind sie diesbezüglich doch geradezu harmlos im Vergleich zu strahlendem Sonnenschein: Nichts kann so traurig machen wie herrliches Wetter! Wie bei der Musik: Die fröhlichsten Lieder entwickeln den größten Sog in Richtung Selbstmord!

30. Juli 2009

Heiner Müller soll gesagt haben, daß er sich bei dummen Frauen am besten von seiner eigenen Intelligenz erholen könne. Wie auch immer, eines stimmt auf alle Fälle: Unbeschwerte, lustige, lachende, meinetwegen oberflächliche Frauen sind der beste Schutz gegen Traurigkeit, Trauer und Todessehnsucht.

30. Juli 2009

Ob fröhlich wirkende Menschen auch tatsächlich fröhlich sind? Kaum. Jedenfalls nicht in dem Sinne, daß sie sich ihrer Fröhlichkeit bewußt wären. Sie gleichen wohl eher aufgezogenen Puppen, die automatisch und unbewußt ihr Programm abspulen. Aber der Traurige, der wüßte, was Fröhlichkeit ist! Aber er kann sie nicht erleben.

2. August 2009

Schwermut ist vermutlich auch eine Folge übertriebener Rücksichtnahme: Wer seine Mitmenschen so behandelt, wie sie es verdienten, also schlecht, verfällt viel weniger leicht in leidvolle, duldsame, passive Schwermut.

2. August 2009

„Schwermut" ist eigentlich ein dummes, auf alle Fälle ein falsches Wort – suggeriert es doch: Der Schwermütige sehe alles viel „schwerer", düsterer, „negativer", als es in Wirklichkeit ist. Dabei ist Schwermut mit Sicherheit die einzig angemessene, realistische Stimmung angesichts des tatsächlichen Verlaufs des Lebens. Jedes Lebens, und ganz besonders natürlich eines schweren Lebens.

3. August 2009

Schon merkwürdig, daß die Liebe *immer* scheitert; nicht *meistens*, sondern wirklich *immer*. Heißt das, daß niemand Schuld trägt? Nein! Denn wenn die Liebe auch scheitert, wenn sich niemand etwas zuschulden kommen läßt, so ist die Schuld eines oder beider Beteiligten dennoch oft groß: daran nämlich, daß die Liebe so spektakulär oder so grausam scheitert. Ohne diese Schuld, ohne dieses Schuldigwerden wäre die Liebe vielleicht milder, erträglicher, versöhnlicher, „menschlicher" gescheitert. Das Wissen um dieses letztlich unvermeidliche Scheitern verführt wohl oft zu schuldhaftem Handeln – weil man glaubt, seine Schuld hinter der Unvermeidbarkeit des Scheiterns verstecken zu können.

4. August 2009

Als ich heute vegane Wurstscheiben in eine Semmel legte, erinnerte mich ihr Geruch an die echte Wurst, die ich einmal gegessen hatte. Das ist jetzt bald 50 Jahre her. – Und in all diesen Jahren floß das Blut der Tiere. Und es fließt immer mehr Blut: Seit 1970 hat sich die Fleischproduktion mehr als verdoppelt. Wieviel Blut ist allein in meiner Lebenszeit in den Schlachthöfen geflossen!

5. August 2009

Schwermut oder schlichte schlechte Laune sind zum Großteil auch „hausgemacht": durch völlig verfehlte Erwartungen. Schopenhauer hatte schon recht, als er sagte:

Wenn einem nichts wehtut und einem auch nicht langweilig ist, so ist das auf Erden mögliche Wohlbefinden im wesentlichen auch schon erreicht.

5. August 2009

Diabolisch-genial und höllisch sparsam ist es, das Prinzip, das uns am Leben erhält, vom Selbstmord abhält und zum Weiterhoffen und Weitermachen verdammt! Fände Glück *nie* statt, wäre die Sache – jedenfalls für den einigermaßen Vernünftigen – völlig klar: Nichts wie weg von hier! Aber manchmal, ganz selten, gibt es sie eben doch: die glücklichen Augenblicke. Gerade so oft, daß man sich, wie beim Lotto, völlig irrationalerweise sagt: Vielleicht gewinnst du ja doch einmal.

5. August 2009

Obwohl wir es fest glauben, sehnen wir uns in Wirklichkeit nicht nach bestimmten, konkreten Menschen, sondern quasi nach deren archetypischen Vorbildern. Etwa nach dem Archetypus schöne, auf- und anregende Frau. Die Personen, nach denen wir uns (vermeintlich) sehnen, sind sozusagen lediglich *Realisierungsinstanzen* ihrer archetypischen Vorbilder.

Das ist einerseits traurig: Weil sich unsere Treue und Anhänglichkeit gegenüber jemandem – nennen wir es Liebe – als weitaus weniger ernsthaft und „echt", als gedacht, erweist. Das ist andererseits aber auch tröstlich, weil es immer neue Realisierungsinstanzen unserer Sehnsüchte geben kann.

Teil eines Telefonats, den ich bei einem Spaziergang mitbekam: „Vor einer Woche mußte ich meinen Dackel einschläfern. Jetzt suche ich wieder einen kleinen schwarzen Dackel. Haben Sie so etwas?"

5. August 2009

Auf der Ausstellungsfläche neben dem „Museum der Moderne" auf dem Mönchsberg sind Plastiken von Tony Cragg ausgestellt. Eine trägt den schönen Namen „Caught Dreaming" (2006). Auf der Aussichtsterrasse vor dem Museum, wo gerade festlich gekleidete Menschen abendessen, entdecke ich eine Wespenfalle: ein Gefäß, das die Tiere mit einer süßen Flüssigkeit anlockt, in der sie dann ertrinken. Ich warte auf eine günstige Gelegenheit, also wenn gerade kein Personal in der Nähe ist, nehme das Gefäß an mich und entleere es ins naheliegende Gestrüpp. Zwei Tieren kann ich so das Leben retten.

6. August 2009

Heute vor 64 Jahren verwüstete eine amerikanische Atombombe Hiroshima. Atomwaffentests. Bikini-Atoll. Mit „Bikini-Botschafterin" hast Du eine Deiner ersten Mails an mich unterschrieben. Seit 6. August 1945 wissen wir, wie wir jederzeit enden können. Wenn wir es wissen wollen. Wir wollen es aber nicht wissen. Sowenig wir wissen wollen, daß wir jeden Tag 150 Millionen Tiere umbringen, um sie aufessen zu können.

6. August 2009

Blick vom Stieglkeller über das sommerlich-sonnige Salzburg. Mir fällt auf, daß ich ein recht konservativer Mensch bin: In den vielen Jahrzehnten, seit denen ich diese Aussicht genieße (wobei „genießen" quasi nur die „Oberflächenwahrnehmung" betrifft: tatsächlich ist es eher ein Erschaudern vor der monströsen Schönheit, die ihrerseits eine Chiffre für tiefste Tragik und Trauer ist), gab es für mich nur zwei Realisierungsinstanzen meines Archetyps von Frau.

7. August 2009

Daran daß Schwermut die der Realität *angemessene* Stimmung ist, scheint mir kein Zweifel möglich zu sein. Ob wir dieser angemessenen Stimmung aber quasi nachgeben oder besser in Richtung irrealem Gut-drauf-Sein gegensteuern sollen, ist eine andere Frage. Die Antwort lautet meines Erachtens: Wenn wir durch unsere realitätsverleugnende gute Laune niemand anderem schaden, ist es uns unbenommen, diesen Weg zu wählen. (Wenngleich es sich dringend empfiehlt, stets sorgfältig zu prüfen, ob uns dieses „künstliche" Gut-drauf-Sein mittel- und langfristig nicht mehr schadet als nützt.) Wenn allerdings unsere „künstlich" gute Laune auf Kosten anderer geht, ist diese Stimmungsaufhellung moralisch keineswegs in Ordnung. Leider werden solch differenzierende und die moralische Dimension unseres Handelns ernst nehmende Überlegungen kaum je angestellt – während das quasi gegenläufige Verhalten an der Tagesordnung ist: Gerade um der moralischen Verantwortung gegenüber anderen quasi vorbeugend zu *entgehen*, behält man die rosa Brille, die diese Verantwortung ausfiltert, sicherheitshalber gleich immer auf.

7. August 2009

Immer wiederkehrende Erlebnisse bzw. Gedankengänge: Bedauern, ja Verzweiflung darüber, fast nie guten Menschen begegnet zu sein. Und noch schlimmer: Bei Menschen, die man für gut hielt, erkennen zu müssen, daß man sich schrecklich in ihnen getäuscht hat. Weiter: Beschämung angesichts dieser dauernden „Selbstbemitleidung", wenn man sieht, daß Menschen, die ein ungleich schwereres Schicksal haben, dieses mit so viel Haltung, Mut und guter Laune tragen.

8. August 2009

Eine Ursache von Schwermut ist wohl auch die grenzenlose Dummheit der Mitmenschen. Hält man sich unter Menschen nicht dauernd die Ohren zu, ist es praktisch unmöglich, an deren Dummheit und Niedertracht nicht zu verzweifeln.

8. August 2009

Erst jetzt wird mir klar, warum ich kaum mehr Musik hören kann, weil sie mich in eine so tiefe Schwermut versetzt. Ich zitiere der Kürze und Korrektheit halber wörtlich, was Hans Joachim Störig (1970, S. 361) über Schopenhauers Musikverständnis schreibt: „Die Musik ist das unmittelbare Abbild des Willens selbst und damit des Wesens der Welt. In ihr kommt das tiefste Wesen des Menschen und aller Dinge zum Sprechen." Wenn in der Musik das Wesen der Welt zum Sprechen kommt, kommt in ihr naturgemäß vor allem das Leiden der

Welt zum Sprechen! Schubert soll einmal gefragt haben: „Kennen Sie lustige Musik?" Und Nietzsche (2009, S. 44) sagt: „Ich weiss keinen Unterschied zwischen Thränen und Musik zu machen."

8. August 2009

Ich habe früher (am 5. August) von unserer Sehnsucht nach Realisierungsinstanzen unserer Archetypen gesprochen. Ein typisches Beispiel für die *gegenteilige* „klassische" individuumsbezogene Sichtweise ist diese Hölderlin-Strophe aus dem Gedicht „Diotima" (Mittlere Fassung):

„Diotima! selig Wesen!
Herrliche, durch die mein Geist,
Von des Lebens Angst genesen,
Götterjugend sich verheißt!
Unser Himmel wird bestehen,
Unergründlich sich verwandt,
Hat sich, eh wir uns gesehen,
Unser Innerstes gekannt."
(Hölderlin, 1966, S. 32 f.)

Der Sog zur individuell-essentiellen Sicht- und Fühlweise ist sehr, sehr stark. Ein Versuch, uns unserer (individuellen) Existenz zu versichern?

9. August 2009

Auf dem Weg in den Stieglkeller treffe ich beim Kloster Nonnberg auf eine Touristengruppe, denen ihr Führer gerade die Geschichte der Familie Trapp („Sound of Music") erzählt. Ich vernehme die Worte: „They were in fact married in real life." Welch gleichermaßen bizarre wie zutreffende Verharmlosung und Verunwirklichung eines für die Betroffenen existentiellen Sachverhalts!

9. August 2009

Jemandes grauenvolles Verhalten zu verzeihen oder zu „vergessen", kann sowohl Zeichen von Größe als auch von Kleinheit sein: Von Größe, wenn sich der Betreffende einer Entschuldigung würdig erweist und man ihm diese bewußt zuteil werden läßt. Von Kleinheit, wenn es einem schlicht zu anstrengend ist, die belastende Wahrheit samt ihren Konsequenzen zu ertragen.

10. August 2009

Bemerkenswert ist, daß der als schmerzlich empfundene Leere-Zustand nach Beendigung einer Liebe jenem Zustand ähnelt, der von religiösen bzw. spirituellen Menschen bewußt angestrebt wird: ein Zustand des

Nicht-Wollens, des Nicht-Strebens, der „Meeresstille des Gemüts" (Schopenhauer), in dem man „klares Weltauge" (Schopenhauer) ist.

11. August 2009

Beleg für die Richtigkeit meines Realisierungsinstanzen-Ansatzes: Ich sehe einen Bericht über das heutige und frühere München, bei dem ich vor nicht langer Zeit emotional förmlich zerflossen wäre – wegen meiner ersten Realisierungsinstanz. (Mit „ich zerfließe hier am Bett" oder so ähnlich hattest Du mir Dein Gefühl beim Anhören von Bachs „Air" beschrieben.) Und jetzt: keinerlei Gefühl, „klares Weltauge".

11. August 2009

Gestern sah ich einen interessanten Bericht über Peter Handkes neues Stück „Bis daß der Tag euch scheidet oder Eine Frage des Lichts". In Erinnerung blieben mir die Worte des Regisseurs: „Beendigung einer nicht gelebten Liebe". In den heutigen „Salzburger Nachrichten" dann die schönen Überschriften „Nachhall auf ein Früher, das nur Wehmut auslöst" und „Lebenshighway, Ausfahrt 'Ausweglos'".

12. August 2009

Laut Schopenhauer sind Liebe und Leidenschaft der Trick der Natur, um die Arterhaltung zu sichern. Das stimmt höchstwahrscheinlich. Dennoch oder vielleicht gerade deshalb können wir in diesem Bezugsrahmen etwas über das Wesen der Welt erfahren. Vor allem aber: Wenn diese (geschlechtliche) Liebe nun einmal die unverrückbaren Koordinaten für unser Erleben bestimmt, kann uns der dahinterliegende, „eigentliche" Zweck im Grunde egal sein. So wie es uns egal sein kann, warum uns etwas schmeckt oder warum wir etwas schön finden.

12. August 2009

Die Klugheit und Konsequenz des Selbstmörders sind natürlich kaum zu toppen. Dennoch agiert noch schlauer, wer auch noch den richtigen Zeitpunkt wählt: nach einem kleinen Glück, rechtzeitig vor dem nächsten viel größeren Unglück.

12. August 2009

Gespräch mit der Brezelverkäuferin im Bräustübl: Sie fragt mich, ob ich ein bestimmtes Lied von Wolfgang

Ambros kenne. Ich verneine, sage aber, daß ich seinen „Zentralfriedhof" kenne.

13. August 2009

Überschrift in den heutigen „Salzburger Nachrichten": „Walter Giller und Nadja Tiller kämpferisch – Das Schauspielerehepaar trotzt seinen beiden Krebserkrankungen und will den Tod nicht in sein Leben lassen" Frau Tiller über den Tod gegenüber der „Bunten": „Wir wollen ihn noch nicht in unser Leben lassen, und deswegen versuchen wir einfach, ihn zu ignorieren." Welch eine Wohltat, *einmal nicht* den unerträglichen Unsinn vom Tod, der zum Leben gehöre und den man akzeptieren müsse usw., zu hören!

13. August 2009

Was wohl passieren würde, ließe man alle kleineren und größeren Katastrophen – seine allgemeine Lebenskatastrophe, die gerade aktuelle Katastrophe, die Katastrophe, sterben zu müssen usw. – einfach zu? Mit voller Wucht, ohne Abwehr, ohne Verharmlosung, ohne Beschönigung? Vielleicht würde passieren, was dem amerikanischen Schriftsteller David Foster Wallace passierte: Selbstmord. Dazu sein Übersetzer Ulrich Blumenbach

(Der Spiegel, 33, 2009): „Er ließ alle Flutwellen von Alltagselementen bewusst über sich rollen, um sie dann literarisch bewältigen zu können."

13. August 2009

Es gibt im Leben bestenfalls diese Alternative: Entweder von vornherein beim Leben-Lieben-Leiden-Spiel nicht mitzumachen oder aber seine Spielregeln zu akzeptieren – deren wichtigste lautet: Jedes Glück muß mit einem Vielfachen an Leid erkauft werden.

15. August 2009

Feiertag, Mittag, Sommertag pur. Ich scheine der einzige zu sein, der heute in der Stadt geblieben ist, quasi die Stellung hält im Alltag. Aber nein: Dort oben, am Berg, am Bauernhof: Dort hält auch noch jemand die Stellung. Aber nicht frei und friedlich wie ich hier auf der Sommerwiese, sondern angekettet und im Gefängnis: die Tiere, die hier von ihrer Geburt bis zu ihrer Hinrichtung tagein tagaus gefoltert werden. Auch an so einem friedlichen, freundlichen Sommertag wie heute.

15. August 2009

Im Erfinden von Ausreden dafür, warum es doch unsinnig sei, uns umzubringen – etwa angesichts einer unglücklichen Liebe –, sind wir verräterisch kreativ: Wir müßten noch diese oder jene wichtige Aufgabe erledigen, wir könnten ja vielleicht auch mit jemand anderem noch glücklich werden usw. Alles Unsinn, reine Selbsttäuschung, pure Feigheit!

16. August 2009

Irrsee. Überwältigend schöne Landschaft. Aber auch äußerst bedrohlich: Überschwemmung mit Schwermut. Strategisch-psychologisches Glücksgefühl, als die Umschaltung auf die neutronale Wahrnehmung souverän gelingt. An einer Umkleidehütte erblicke ich ein Plakat: ein hübsches blondes Mädchen mit einem riesigen, soeben ermordeten Fisch in den Armen. Ich verspüre Haß - und fühle mich emotional geborgen, zuhause.

17. August 2009

Gestern bin ich erstmals nach Jahrzehnten wieder auf der Autobahn (mit)gefahren: Grauenhaft! Soeben ist ja ein Buch herausgekommen, dessen Autor die These vertritt, daß das Auto über kurz oder lang von der Bildfläche verschwinden werde. Das glaube ich nicht: Autofahren paßt in seinem idiotischen Wahnwitz einfach zu perfekt zum Menschen! Nirgendwo sonst läßt sich der intellektuelle und moralische Bankrott des Menschen besser und anschaulicher studieren als auf der Autobahn.

17. August 2009

„Es wird a Wein sein und wir werd´n nimmer sein" singen gerade die beiden Küchen-Deppen einer vertrottelten Kochsendung. So geht das Lied glaube ich weiter: „Es wird schöne Madln geben und wir werd´n nimmer leb´n."

17. August 2009

Im Hinblick auf Verklärungen und Idealisierungen bei Liebesbeziehungen berücksichtigen wir folgendes viel zuwenig: Liebesbeziehungen sind wie kaum eine andere psychische Konstellation dazu geeignet, das in sie hineinzugeheimnissen, was wir im Leben wohl am meisten vermissen: Sinn.

18. August 2009

Musik im Altersheim: Frontalzusammenstoß zwischen Sehnsucht und Realität.

18. August 2009

Ein einziger, kurzer, eingeblendeter Name im Fernsehen – und augenblicklich ist es mit der mühsam aufgebauten künstlichen Ruhe und Routine vorbei!

„Jedes Mal sticht die Erinnerung zu und trifft einen Wehrlosen." (Walser, 2008, S. 273)

„Es gibt keinen Pakt, keinen Vertrag mit der Erinnerung. Du kannst mit ihr tage-, nächtelang verhandeln, kannst abmachen, dass du aus gewissen Gegenden und Zeiten nur noch verschwommene, undeutliche Bilder und Vorstellungen zulassen wirst, du spürst, ja, so könnte es gehen, mit diesem Grad von Undeutlichkit und von Verschwommenheit kannst du leben, das fühlt sich an wie Frieden. Und du drehst dich um, eine Tür fällt zu, und du hörst und siehst, wie die Tür in Karlsbad zufällt, als Ulrike nach dem bösesten Satz gegen ihre Mutter aus dem Zimmer gerannt ist und die Türe zugeschlagen hat. Alles wieder scharf gegenwärtig. Alles wieder blutend. Die ganze Vermeidungsstrategie ist Selbstbetrug." (Walser, 2008, S. 246)

20. August 2009

Großmut gegenüber Kleingeistern – ein unverzeihlicher Fehler!

21. August 2009

Ist Schwermut eine Krankheit? Nein, sie ist ein Symptom einer Krankheit: Symptom der Krankheit Leben.

21. August 2009

Eben komme ich von einem Spaziergang, bei dem ich über den Zusammenhang zwischen Schriftsteller-Dasein und Schwermut nachgedacht habe. Zuhause fällt mir dann just ein Zeitungsausschnitt zu dieser Thematik in die Hände: Burgtheaterdirektor Matthias Hartmann im Interview („Ich beneide jeden Schreiner"): „Wenn man künstlerisch arbeitet, wird man dafür von der Gesellschaft für gewöhnlich bewundert und gelobt. Dabei ist das Künstlertum nicht unbedingt ein erstrebenswertes Lebensziel, sondern etwas, das man sich nicht aussuchen kann. (...) Es ist begrüßenswert, dass Kranke in der Kunst ein Ventil finden, denn dieser Sublimierungsvorgang hilft, mit der Krankheit umzugehen. (...) Aber man sollte niemanden darum beneiden, dass er kreativ arbeitet."

Alfred Kubin bemerkte einmal, daß Zeichnen ihn vor der Irrenanstalt bewahre. Noch auf seinem Totenbett soll er zu seinem Hausarzt gesagt haben: „Nehmen Sie mir nicht die Angst, sie ist mein einziges Kapital." (Die Presse, 14. 8. 2009) Ohne Unglück keine Kunst! Oder, wie es Hartmann sagt: „Wir brauchen unerfüllte Sehnsüchte. Insofern glaube ich nicht an Glück."

21. August 2009

Ein Schriftsteller ist aus mindestens zwei Gründen zur Schwermut vorherbestimmt: Erstens ist er (auch) so etwas wie ein Chronist des Lebens, und das Leben ist nun mal keine so besonders lustige Angelegenheit. Und zweitens gehören Aufrichtigkeit und Ehrlichkeit zu den Arbeitsvoraussetzungen eines Schriftstellers. Kein Autor kann sich – wenigstens nicht in dem Maße – durchs Leben lügen, wie dies bei „normalen" Menschen die Regel ist.

22. August 2009

Seit Jahren das gleiche unsinnige und unwürdige Theater: Bis zur Veröffentlichung dieses oder jenes Buches hältst du noch durch! Das erinnert mich an die italienischen Lastesel, von denen Schopenhauer berichtet:

Sie laufen dauernd dem Bündel Heu hinterher, das an einem an ihrem Kopf befestigten Stock hängt. Dazu passend eine Pressemeldung (Profil, 35, 2009) betreffend Hugo Loetschers letztes Buch „War meine Zeit meine Zeit": „Hugo Loetscher starb am vergangenen Dienstag .... Auf der Intensivstation ... konnte er zuvor noch das erste Exemplar dieses beeindruckenden Schlusssteins seines Lebenswerks in Händen halten." Noch eine Spur grausam-tragischer berichtet die „Zeit" (36, 2009): „Einen Tag nachdem er das Buch voller Freude den Schwestern in der Intensivstation hergezeigt hatte, starb er."

22. August 2009

„Das Leben ist eine Insel im Tod", sagte Wittgenstein. Das paßt gut zu meinem: „Vorher eine Ewigkeit nichts. Nachher eine Ewigkeit nichts. Nur dazwischen, ganz kurz, jetzt – das Leben."

23. August 2009

Ich verspüre eine gewisse Sehnsucht nach meinen schwermütigen Gedanken, Gefühlen und Stimmungen – sie vermitteln ja auch irgendwie Geborgenheit. Natascha Kampusch sagte über ihre achtjährige Haft in einem österreichischen Kellerverlies unter anderem (Österreich,

23. 8. 2009): „In meinem Keller war ich perfekt, abgeschlossen und beendet." Du hast öfter vom „perfekten Platz im Käfig" gesprochen, zum Beispiel in Deinen vorjährigen Weihnachtsferien: „Mein perfekter Platz im Käfig ist jetzt hier, wenn ich Dir schreibe."

23. August 2009

Natürlich bedeutet die Hingabe an Liebe, Sex und Sehnsucht eine Bankrotterklärung für unsere persönliche und menschliche Autonomie. Nur: Was bringt es uns, uns dem zu widersetzen, was uns von der Natur vorgegeben, aufgezwungen wird? Nichts! Denn wir können uns zwar emanzipieren, aber quasi nur ins Nichts hinein emanzipieren.

24. August 2009

Hoffnung ist eine zwiespältige, um nicht zu sagen: vergiftete Hilfe: Sie kann immer enttäuscht werden und sie wird meist auch enttäuscht. Vor allem aber bedeutet Hoffnung ständige Ungewißheit und Unsicherheit.

„Glauben ... ist die reine Unruhe. Das andauernde Fürmöglichhalten. Also das andauernde Enttäuschtwerden, Vernichtetwerden. Dasselbe Spiel mit der Hoffnung."

(Walser, 2008, S. 230)

Wer aufhört zu hoffen, gewinnt wenigstens Gewißheit.

24. August 2009

Warum können auch kalte Frauen, selbst eiskalte Frauen wärmen?

26. August 2009

Eine der wichtigsten Quellen des Unglücks auf der Welt ist zweifellos die Tatsache, daß jeder Mensch, und sei er noch so unfähig, Kinder in die Welt setzen und dann auch noch großziehen kann. Welch eine Katastrophe! Gewiß: Jede diesbezügliche Regelung bzw. Einschränkung wäre problematisch. Am problematischsten ist aber zweifellos die jetzige uneingeschränkte Multiplizierung menschlicher Unzulänglichkeit.

26. August 2009

Vielleicht ist das religiöse Bilderverbot doch nicht so falsch, wie man vermuten könnte. Gäbe es keine Bilder von denen, die wir vermissen, wäre das Vergessen viel einfacher. So aber kann ein einziges Bild bzw. ein einziger Blick darauf das heilsame gedankliche und gefühlsmäßige Verblassen vieler Jahre zunichtemachen.

„Jetzt hatte er Ulrikes Bild, jetzt konnte er in jeder Sekunde hin, konnte ihr Gesicht ... anschauen und anschauen .... (...) Er durfte dieses Bild nie anschauen. Und wusste, dass er sich das hundertmal vorsagen und dann hinrennen und es herausziehen und dann anschauen würde. Anschauen und anschauen! (...) Mit diesem Bild ist sie deutlicher da, als wenn es dieses Bild nicht gäbe. Also erschwert dieses Bild seinen Kampf."
(Walser, 2008, S. 273)

Ein Artikel im „Zeit Magazin" (35, 2009) zum bisherigen Höhepunkt der quasi gegenläufigen Entwicklung zum Bilderverbot, den sogenannten sozialen Netzwerken mit ihren Bilderfluten, veranschaulicht das Leiden am Bild: „Wir müssen Freunde bleiben. Seit es Facebook gibt, sind Trennungen grausamer denn je."

27. August 2009

Ich sitze im Stieglkeller. „Jeedeermaaaaaann!" ertönt es von überall. Auf dem Domplatz wird also wieder das Idiotenstück aufgeführt: „Das Spiel vom Tod des reichen Mannes" oder so ähnlich. Der Tod der Tiere, über deren

Leichen die Kunstfreunde in den umliegenden Restaurants gleich herfallen werden, war kein Spiel!

28. August 2009

Der Psychotherapeut Arnold Retzer über den Film „Casablanca" („Besser die Klappe halten", 2009): „Der Film zeigt, dass die wahre Liebe, will sie sich erhalten, die Dauerhaftigkeit vermeiden muss." Das bringt die paradoxe Tragik der Liebe großartig auf den Punkt: Um die Liebe zu erhalten, muß man sie beenden!

28. August 2009

Psychotherapeut Arnold Retzer über soziale Beziehungen und Macht („Besser die Klappe halten", 2009): „Der, der mehr vom Partner will, ist automatisch in der schwächeren Position." So selbstverständlich und unspektakulär diese Erkenntnis in bezug auf menschliche Beziehungen im allgemeinen ist, so schauerlich ist das Katastrophenpotential dieser Konstellation in Liebesbeziehungen: Wer den anderen mehr liebt, befindet sich tendenziell in einer tödlichen Situation.

„Sie existierten in einer grausamen Ungleichheit." (Walser, 2008, S. 270)

„Diese Asymmetrie ist die Schere, die das Unglück misst." (Walser, 2008, S. 221)

28. August 2009

Psychotherapeut Arnold Retzer über Partnersuche („Besser die Klappe halten", 2009): „Der ‚Richtige' ist sowieso immer nur Projektion, denn in Wahrheit sind doch alle unsere Bewertungen Projektion." Und der Professor für Roboterforschung Hiroshi Ishiguro glaubt (Robo sapiens, 2009), daß Menschen sich bald in intelligente Roboter verlieben werden. Das bringt auf technischer Ebene auf den Punkt, was ich mit meinem Realisierungsinstanzen-Konzept ausdrücken will.

29. August 2009

Wuppertal. Mein mentales Mitreiseverbot an Dich hat eine quasi städtische Variante der neutronalen Wahrnehmung produziert: anstatt schwebender Gleichgültigkeit schmerzliche Einsamkeit.

29. August 2009

Hätte ich früher gewußt, was heute unter „Freundschaft"

verstanden wird, hätte ich mir viel erspart. Immerhin verstehe ich jetzt den Eintrag zu „Entfreunden", den das Magazin der „Süddeutschen Zeitung" (35, 2009) unter der Rubrik „Neu im Wörterbuch" abdruckt: „<Entfreunden> Bezeichnet das Löschen von Kontakten bzw. Freunden in sozialen Netzwerken wie MySpace, Facebook .... (...) Das Entfreunden ist eine vermeintlich einfache und unpersönliche Art, seine überflüssigen Kontakte auszusortieren, wird aber vom Betroffenen oft als kränkend und aggressiv empfunden."

29. August 2009

Köln, Rheinbrücke. In Köln habe ich mit meiner ersten Realisierungsinstanz vor vielen Jahren ein paar Tage Urlaub gemacht. Am Brückengitter zwischen Fußgängersteg und Bahngleisen sind jetzt schätzungsweise mindestens 10.000 Vorhangschlösser mit Namen, Daten und Botschaften von Liebespaaren befestigt. Zum Beispiel: „In ewiger Liebe ... Für immer und ein Tag." „Danke für die größte Liebe meines Lebens ... Ich denk an Dich." Lauter Versuche, der Liebe Bestand zu geben.

30. August 2009

In der Natur ist die neutronale Wahrnehmung viel angenehmer. Wobei „angenehm" wohl nicht der richtige Ausdruck ist, weil es sich ja quasi um die emotionale Null-Wahrnehmung handelt. Spontan fällt mir dazu ein, was ich jüngst in einem Bericht über Roboter (Robo sapiens, 2009) gelesen habe: „Auf dem Zentralfriedhof von Yokohama hält ein Roboter-Priester jeden Morgen buddhistische Gedenkgottesdienste für Verstorbene."

30. August 2009

Bei allen Menschen, denen ich begegne oder an die ich denke, frage ich mich: Möchte ich mit ihnen tauschen? Meine Antwort lautet immer: Nein! Das ist eigentlich ein Grund, sich ziemlich wohl zu fühlen.

30. August 2009

Was ist Schuld? Eine zutreffende Charakterisierung wäre wohl: Vergleicht man das moralisch richtige Verhalten mit dem tatsächlichen Verhalten, ergibt sich (wenn dem Handelnden die relevanten Fakten und Zusammenhänge bekannt und bewußt sind) aus der Differenz die Schuld. Wenn mir beispielsweise ein Freund schreibt, daß es ihm sehr schlecht geht, ich aber anstatt ihm beizustehen, in den Urlaub fahre, mache ich mich schuldig. (Vorausgesetzt, ich habe seinen Brief erhalten; wenn nicht, weil sich der Briefträger auf dem Weg zu mir erschossen hat, trifft mich natürlich keine Schuld.)

Einen sehr großen Teil ihrer Energie verwenden die meisten Menschen darauf, ihre Schuld zu verleugnen oder zu verdrängen – oder erst gar nicht ins Bewußtsein treten zu lassen. Max Frisch soll gesagt haben, daß alle Menschen, nicht nur der Schriftsteller, ihre Geschichten erfinden. Im Gegensatz zum Schriftsteller hielten sie ihre Geschichten aber für ihr Leben. Und: Geschichten würden anprobiert wie Kleider. Das gilt wohl insbesondere auch in bezug auf Schuld: Die Menschen erfinden ihre eigene Geschichte und sie erfinden sie so – paßgenau quasi –, daß darin möglichst keine eigene Schuld vorkommt. Wäre die Schuld auf der Welt sichtbar, würden wir vor lauter Schuld wohl nichts mehr sehen.

8. September 2009

„Auf des Glückes großer Waage
Steht die Zunge selten ein:
Du mußt steigen oder sinken,
Du mußt herrschen und gewinnen,
Oder dienen und verlieren,
Leiden oder triumphieren,
Amboß oder Hammer sein."
(Goethe, 1964, S. 94; aus: „Kophtisches Lied")

Schlechte Voraussetzung für gute Beziehungen! Hinzu kommt, daß der Hammer, um im Bild zu bleiben, seine Position so gut wie immer schamlos ausnutzt!

9. September 2009

Auch wenn es noch so platt klingt: Die Welt ist schlecht. Genauer: Die Menschen sind schlecht. Deshalb ist es auch alles andere als verwunderlich, daß, wer sich ernsthaft bemüht, gut zu sein, leicht an der Welt verzweifelt. Damit sind wir bei einem Punkt, der auch oft einen Großteil des Grauens und Schreckens erklärt, der für Trennungen so charakteristisch ist: An der moralischen Schlechtigkeit eines geliebten Menschen leidet man naturgemäß ungleich mehr als an der moralischen Schlechtigkeit irgendeines anderen Menschen: weil uns hier die Unmoral und Schlechtigkeit quasi lebendig, in personifizierter Form und auf existentielle Weise begegnet. Hinzu kommt: Die geliebte Person wurde ja auch noch heillos idealisiert. Woraus sich insgesamt eine „moralische Fallhöhe" tödlicher Dimension ergibt.

10. September 2009

Jedesmal wenn ich im Garten des Bräustübls sitze, denke ich an meinen humoristischen Text, den ich Dir *nicht mehr* gesandt hatte:

„Rasende Hunde, springende Katzen – im Bräustübl ist die Hölle los. Immer mehr junge Tiere entdecken ihre Liebe zum Powerdrink aus dem Megafaß. Bereits am frühen Nachmittag torkeln schwerberauschte Vierbeiner durch den schattigen Gastgarten. Katzen, denen der Schaum schon bei den Ohren herauskommt, sind keine Seltenheit. Junge weibliche Katzen aus gutem Hause vergessen ihre guten Manieren, wenn es darum geht, sich mit dem gelben Gesöff vollzupumpen. Die Stammgäste betrachten das bunte Treiben mit Wohlgefallen. Hier wächst eine neue Generation von Trinkern heran, auf die man sich in Zukunft verlassen kann." („Wenn das Freizeitverhalten zum Gesundheitsrisiko wird")

10. September 2009

Das Leben ist ein sich ständig steigernder Ablaufdatenexzess.

12. September 2009

Todesanzeige in der heutigen „Süddeutschen Zeitung": „Trauer um einen ganz besonderen Hund ... Ditta, Du fehlst mir. Alles ist so leer."

13. September 2009

Eine Frechheit ist diese existentielle Entscheidungs*unfreiheit* ja schon: *Daß* wir leben, wird uns aufgezwungen – nur die Mutigsten und Verzweifeltsten schaffen es, sich umzubringen. Und *wie* wir leben, wird uns ebenfalls weitestgehend vorgegeben. Ich muß beispielsweise schreiben, und ich muß schreiben, was ich schreiben muß. Das einzige, was unsere Unfreiheit wenigstens etwas mindert, ist Geld, „gedruckte Willensfreiheit", wie es so treffend heißt. Aber: Der Zwang zu leben und der Zwang, so zu leben, würden im Augenblick des Sterbenmüssens zum Gottesgeschenk!

13. September 2009

Schreiben ähnelt, soferne Emotionen beteiligt sind (was in der einen oder anderen Form wohl immer der Fall ist), dem Fliegen: Fliegt man zu schnell, sprich: läßt man sich zu sehr von Emotionen leiten, verliert man die Orientierung und stürzt ab. Fliegt man zu langsam, sprich: sinkt der emotionale Antrieb unter ein bestimmtes Niveau, stürzt man ebenfalls ab.

16. September 2009

Reife offenbart sich weniger im Stiften von Sinn (geschweige denn im Finden von Sinn) als im Ertragen der Sinnlosigkeit.

17. September 2009

Ich blicke auf meine im Aschenbecher rauchende Zigarre: Vom gerauchten, genossenen, „gelebten" Teil ist nur mehr Asche übrig.

„'Zwei Blumen', rief er, 'hört es, Menschenkinder,
Zwei Blumen blühen für den weisen Finder,
Sie heißen *Hoffnung* und *Genuß*.

Wer dieser Blumen *eine* brach, begehre
Die andre Schwester nicht.
Genieße, wer nicht glauben kann. Die Lehre
Ist ewig wie die Welt. Wer glauben kann, entbehre.
Die Weltgeschichte ist das Weltgericht.

Du hast *gehofft*, dein Lohn ist abgetragen,
Dein *Glaube* war dein zugewognes Glück.'"
(Schiller, 1969, S. 27; aus: „Resignation")

18. September 2009

Seit vielen Jahren wundere ich mich über ein mir nach wie vor rätselhaftes Phänomen: das unbändige Bedürfnis, kausale Komponenten und Zusammenhänge über Dinge zu kennen, die sowieso nicht mehr zu ändern sind. Zum Beispiel: Wo genau ist das Flugzeug abgestürzt? Wo liegen die Leichen? Welche Person hat den Mord begangen? Wie konnte diese Person nur so unverantwortlich, grausam und böse handeln? Wie konnte *gerade diese* Person nur so unverantwortlich, grausam und böse handeln? Wie gesagt: Ich spreche von Fällen, in denen das Ergebnis nicht mehr veränderbar ist. Eine wirklich schlüssige Erklärung für dieses selbstquälerische und letztlich wohl irrationale Unbedingt-wissen-Wollen habe ich nach wie vor nicht. Aber ich kenne das Phänomen nunmehr aus eigener Erfahrung.

18. September 2009

Es gibt Enttäuschungen, die so groß sind, daß dieses Wort für sie viel zu klein ist. Wenn jemand plötzlich viel weniger ehrlich, mitfühlend und moralisch ist als früher, so ist dies, wenigstens mit der Zeit und unter Schmerzen, immerhin noch irgendwie faßbar. Aber was ist, wenn das einzig „Verbindende" zwischen dem früherem und dem jetzigen Verhalten ein riesiges, unerklärliches Loch ist?

18. September 2009

Nach allen praktischen Erfahrungen und theoretischen Erwägungen ist eine anhaltende Liebe unmöglich. Andererseits gibt es die „ewigen" platonischen Beziehungen. Und dann gibt es noch etwas, was es eigentlich gar nicht geben dürfte, paranormale Phänomene quasi, angesiedelt im Zwischenreich von realen unglücklichen und irrealen glücklichen Lieben: Augenblicke, und Augen-Blicke, in denen sich Wirklichkeit und Ideal für ganz kurze Zeit verbinden und erlebbar, spürbar, greifbar werden. Eine grandiose Beschreibung dieses Flüchtigkeitsmoments liefert Manfred Schwarz (2009) in seinem Artikel „Idyllen der Verzweiflung". Er bezieht sich dabei zwar auf Claude Monets Malerei, aber seine Ausführungen gelten gleichermaßen für die Flüchtigkeit der Liebe:

„Was ... zum Vorschein kommt, wenn man den ganzen Monet in den Blick nimmt, ist die atemberaubende, vibrierende Schönheit einer Welt, die sich immer nur im Augenblick, im ephemeren Funkeln des Sonnenlichts offenbart. Die niemals zu bannen, nur im raschen Vorüberhuschen zu ahnen ist. Die Schönheit der diesseitigen Welt - und die Melancholie, die Verlustangst, die ihre Erscheinung hervorruft, weil sie uns stets wieder entgleitet, obwohl wir sie verzweifelt festzuhalten suchen."

Äußerst aufschlußreich sind auch Schwarz' Informationen und Gedanken in bezug auf Monets Leben und Schaffen. Monet habe zwar Bilder vom Glück geschaffen, „aber mit der Sehnsucht eines Verzweifelten". Seine Bilder seien deshalb so anziehend, überwältigend und überzeugend, weil es sich um Wunschbilder handle. Monets Idyllen seien „Verzweiflungstaten". „In den schwärzesten Momenten seines Lebens ... malt er die hellsten und heitersten Landschaftsbilder, die impressionistischen Idyllen von der Seinelandschaft vor den Toren von Paris."

Und Schwarz weiter: Am Totenbett seiner ersten Ehefrau skizziert Monet ihre Züge, „als würde er vor einer reizvollen Landschaft stehen". Hier offenbare sich die Triebkraft von Monets Schaffensdrang: der paradoxe, letztlich tief tragische „Wunsch, dem Transitorischen Dauer zu verleihen." Monets große künstlerische Tat liege in der „Heroisierung der Flüchtigkeit".

19. September 2009

Enttäuschungen, Niederlagen, negative Erfahrungen sind immer bitter. Noch viel bitterer aber ist es, sich eingestehen zu müssen, daß man sie selbst verschuldet hat - indem man etwa alle seine Erfahrungen und die daraus resultierenden Regeln plötzlich außer acht läßt. Es ist ein ehernes Gesetz: Alle Menschen funktionieren immer gemäß psychologischen Gesetzmäßigkeiten – die uns durchaus nicht durchgängig verborgen bleiben müssen. Dies zu mißachten, ist ein schrecklicher, mitunter tödlicher Fehler.

20. September 2009

Nach dem Bräustübl. Im leeren Gastgarten des Krimpel-stätter. Peymann habe ich hier einmal gesehen. Wien.

20. September 2009

An der Salzach: Was bedeutet mir Salzburg eigentlich? Genaugenommen dürfte es mir gar nichts mehr bedeuten, denn meine Salzburger Realisierungsinstanz ist keine Realisierungsinstanz mehr. Da, die Rettung – für Salzburg: Hotel Sacher Salzburg – mit Café.

Hier hat sich übrigens Jean Améry („Wer der Folter erlag, kann nicht mehr heimisch werden in der Welt.") das Leben genommen.

20. September 2009

Eine irgendwie beruhigende Vorstellung: Alle, die man gern hat, sind schon tot. Man braucht sich also vor keinem Verlust mehr zu fürchten. Dieser Gedanke wird mir zu einem immer größeren Trost: Sobald ich begreife und akzeptiere, daß die, die ich kannte, tot ist, habe ich nichts mehr zu verlieren.

24. September 2009

Einsamkeit, Verlassenheit, Traurigkeit. Wer diese Eckpfeiler des Daseins nicht empfindet, ist krank. Wer sie empfindet, wird krank.

25. September 2009

Seit ich Dich kenne, scheint die ganze Welt aus Deinem Heimatort zu bestehen. Sogar die Nüsse im Supermarkt kommen von dort!

27. September 2009

Gestern war ich im Aigner Park, jetzt bin ich im Stieglkeller. Beides Orte, die für mich eigentlich emotional extrem aufgeladen sind. Aber in beiden Fällen empfand bzw. empfinde ich nichts. Das Beste, was wir vom Leben erwarten können, sagt Schopenhauer, ist das Nichts, genauer: das Nicht-Vorhandensein von Schmerz (und von Langeweile). Stimmt. Von sagenhaft seltenen glücklichen Ausreißern abgesehen.

28. September 2009

Überlegenheit im Umgang erwächst allein daraus, daß man des anderen nicht bedarf, sagt Schopenhauer. Eine zutreffendere und wichtigere Erkenntnis gibt es nicht. Gleichzeitig erhellt sie grandios die ultimativ prekäre Grundsituation jeder Liebesbeziehung. Denn Liebe läßt sich gerade spiegelverkehrt zu dieser Erkenntnis definieren: sie ist dadurch charakterisiert, *daß* man des anderen bedarf. Wie unsinnig wäre es doch zu sagen: Ich liebe dich unendlich, könnte aber genausogut ohne dich leben.

2. Oktober 2009

Auf den Punkt gebracht: Es gibt einen Menschen, der für mich alles bedeutet, aber dem ich nichts bedeute.

„Lieben ohne geliebt zu werden, das dürfte es nicht geben. Diesen gemeinsten Schicksalspfusch hatte er noch nicht erfahren gehabt, dafür wurde Ulrike von Levetzow geboren und gebildet. (...) Wenn die Schöpfung je daran interessiert gewesen sein sollte, das Menschenleben auf dieser Erde erträglich zu machen, dann fehlte in den Anweisungen, die der Herr durch Moses den Menschen gegeben hat, die wichtigste. Du sollst nicht lieben. Das ist Gebot Nummer 1. (...) Wenn Moses dieses Gebot mitgebracht hätte vom Sinai, hätte der Menschheit nichts gefehlt außer der Tragödie." (Walser, 2008, S. 69 f.)

2. Oktober 2009

Liebe und Haß sind nur zwei Seiten einer Medaille – heißt es, und vermutlich stimmt es. Wie *nahe* sich beide kommen können, ist allerdings schon erstaunlich.

„Ohne Feindseligkeit gegen Ulrike kam er nicht los. Die Feidseligkeit einsetzen wie ein Instrument, wie einen Hebel, mit dem man die eigene, nicht ausreichende Kraft vergrößert. Aber wie eine für ihn selbst glaubhafte Feindseligkeit gegen dieses Mädchen entwickeln?" (Walser, 2008, S. 274)

3. Oktober 2009

Jeder vernünftige Mensch fragt sich natürlich in bezug auf das eigene Leben, in bezug auf das Weiterleben: Warum? Wozu? Eine positive rationale Antwort in bezug auf die eigene Person gibt es wohl nicht. Wohl aber eine positive moralische Antwort: Um das Leiden in der Welt zu lindern.

3. Oktober 2009

Die meisten Erinnerungen verblassen allmählich. Aber manche bleiben auch völlig unverändert bestehen. Und dann gibt es noch Erinnerungen, die mit der Zeit immer größer, unmittelbarer, bedrohlicher – tödlicher werden.

3. Oktober 2009

Ich sehe schon: Dieses Lokal, in das ich nach seiner Wiedereröffnung erstmals gemeinsam mit Dir gehen wollte, wird unser „Stammlokal" werden.

3. Oktober 2009

Auf dem Mönchsberg. Ich lese eine Besprechung Henryk M. Broders über Maxim Billers neues Buch. Broder bezichtigt Biller, seine, Billers, Melancholie, sein Leiden an sich selbst und am Leben überhaupt in unerträglichem Maße zu kultivieren, sich quasi im Leiden bzw. Sich-selbst-Bemitleiden zu suhlen. Bin ich womöglich auch so? Beunruhigend!

Aber dann komme ich zu der Wiese, auf der oft Rinder weiden, bevor sie im Schlachthaus ermordet werden - und ich kann mir selbst Entwarnung geben: Nein, ich ergehe mich nicht in Selbstmitleid, sondern ich bin generell für Leiden sensibel – für mein eigenes, aber auch für das Leiden anderer. Sensibilität gegenüber Leiden – bzw. gegenüber dessen möglichen Ursachen – ist vermutlich unteilbar. Wenn man das Leiden anderer nicht verdrängt, verdrängt man auch sein eigenes nicht. Aber auch: Wer das Leiden anderer verdrängt, verdrängt oft auch sein eigenes, will es nicht wahrhaben, es sich nicht eingestehen.

In einer Deiner allerersten Mails an mich (weiter bin ich mit der nochmaligen Lektüre unserer Korrespondenz nie gekommen – es geht einfach nicht) fragst Du sinngemäß (oder wörtlich): Gibt es eigentlich so etwas wie Emotions-Blocker?

3. Oktober 2009

Überlegenheit im Umgang erwächst allein daraus, daß man des anderen nicht bedarf. Das bedeutet auch, daß der andere einem nichts bedeutet, gleichgültig ist. Denn bedeutet er mir etwas, brauche ich ihn ja auch in gewisser Weise. Bedeutungslosigkeit bzw. Gleichgültigkeit sind auch die zentralen Charakteristika der neutronalen Wahrnehmung! Wobei wir wieder beim Ergebnis sind: Das Beste, was wir letztlich bekommen können, ist die Leere, das Nichts.

4. Oktober 2009

Die Trauer ist die letzte Verbindung zur geliebten Person. Lieber leiden, als sie ganz verlieren?

4. Oktober 2009

Auch das Lassen des Idealisierens wäre keine Lösung: Ich möchte Dich auch versteinert umarmen.

4. Oktober 2009

Wie oft habe ich mich gefragt: Soll ich dieses Tagebuchprojekt abbrechen? Und die Antwort war immer: Nein, auf keinen Fall, geht gar nicht. Und wie oft habe ich mich gefragt: Zu welchem Ergebnis wird dieses Projekt führen? Antwort: Keine Ahnung. Aber genau das macht die Sache auch so spannend und redlich und interessant. Denn in gewisser Weise sind ja ohnehin nur Projekte, deren Ergebnis offen ist, sinnvoll, weil erkenntnisfördernd.

Eines war und ist mir allerdings vollkommen klar: Dieses Projekt ist lebensgefährlich und kann jederzeit tödlich enden. Es ist quasi – eigentlich: ohne „quasi" – eine Operation am offenen Herzen. Reinhold Messner (im schlampig edierten „Zeit Magazin" – keine Erscheinungsdaten auf der betreffenden Seite) auf die Frage „Konfrontieren Sie sich ... mit dem Gedanken: Du kannst hier auch ausgelöscht werden?“: „Ja, ich sage sogar, das ist das wichtigste Ingrediens, ein ununterbrochenes Wissen ..., ein Hintergrundwissen: Du kannst bei dieser Geschichte umkommen.“

7. Oktober 2009

In seiner „Vollversion“ ist der Solipsismus natürlich unsinnig: Die Welt sei *nur* Produkt meines Bewußtseins. In seiner Tendenz beschreibt der Solipsismus freilich einen wesentlichen Teil der Wirklichkeit: Die Welt ist *zum Großteil* Produkt meines Bewußtseins. Das reale Phänomen, das der „Vollversion“ des Solipsismus wohl am nächsten kommt, ist die Verliebtheit: Die geliebte Person, wie wir sie sehen, ist fast ausschließlich unser Produkt, mit anderen Worten: existiert praktisch nicht.

„Er hat es doch in jeder Sekunde gewusst, aber in keiner Sekunde sich eingestanden, dass nichts sein konnte. Nichts. Nichts. Nichts. (...) Das Etwas, das nichts ist und nichts wird, das, je länger es nichts ist, immer, immer wichtiger wird, bis es zum Wichtigsten, Allerwichtigsten, bis es zum Einzigen wird, dich ausfüllt, bestimmt, beseligt, hinaufwirft in jede Höhe, nur dass der Sturz dann um so gemeiner ist.“ (Walser, 2008, S. 67)

„Wie soll ich denn aufhören, an Dich zu schreiben, Liebste, wenn es außer Dir nichts gibt. Und Dich gibt es nicht." (Walser, 2008, S. 259)

Hier liegt im übrigen ein Grund dafür, warum Liebesbeziehungen nicht funktionieren können: Wenn der „Eigenproduktionsanteil" dessen, was wir erleben, so hoch ist und demnach die realistischen Wahrnehmungsanteile dementsprechend gering sind, kann es kaum Wahrnehmungsüberschneidungen geben.

7. Oktober 2009

Schade, daß man die Wahrnehmung nicht einfach wie bei einem Film auf schwarz-weiß umstellen kann. Das würde das Verweilen im neutronalen Wahnehmungsmodus wesentlich erleichtern.

7. Oktober 2009

Eine der wichtigsten Ursachen für fehlgeschlagene und fehlschlagende Liebesbeziehungen ist die besondere Brisanz, die hier einem Phänomen zukommt, das generell an der Tagesordnung zwischenmenschlicher Beziehungen ist: das vollkommen unterschiedliche Wahrnehmen,

Erleben und Bewerten bestimmter Dinge. Das Fatale bei Liebesbeziehungen ist, daß diese unterschiedlichen Wahrnehmungen, Erlebnisse und Bewertungen *auf existenzieller Ebene* stattfinden. Unterschiedliche Eindrücke in bezug auf den Geschmack einer Suppe werden in der Regel keine dramatischen Folgen haben. Unterschiedliche Interpretionen bestimmter Worte können hingegen tödlich sein.

10. Oktober 2009

Ein Grund für den gigantischen menschlichen Jenseitsdrall, also für den Glauben an ein Leben nach dem Tod, ist wohl, daß dieses Glauben an ein Leben *nach dem Tod* nichts anderes ist als die Fortschreibung einer „Unsitte" *im Leben*. Ununterbrochen erwarten, erhoffen, erstreben wir Dinge, gute Dinge, die in Zukunft geschehen sollen: Zu dieser oder jener Zeit wird dies oder das passieren, wenn ich das mache, werde ich dies erreichen usw. Ohne diese dauernden Zukunftsbezogenheiten können wir offenkundig kaum leben. Und so ist es dann auch nicht verwunderlich, daß wir diese allgegenwärtige Zukunftsfixiertheit auch über das Diesseits hinaus fortschreiben.

10. Oktober 2009

Daß die Differenz zwischen der realen Beschaffenheit einer Person und dem Bild, das wir uns von ihr machten, so groß ist, ist schrecklich genug. Noch viel schrecklicher aber ist, daß wir so lange brauchen, um dies zu erkennen.

12. Oktober 2009

Schriftsteller – welch grauenvoller Beruf! Aber für diejenigen, die ihn ausüben, ist es die einzig mögliche Tätigkeit, genauer: die einzige Tätigkeit, die ein Weiterleben ermöglicht. Wenigstens für eine Zeit.

12. Oktober 2009

Eine meiner Lebenserfahrungen lautet: Moralisches Verhalten gegenüber anderen Menschen „zahlt sich nicht nur nicht aus", sondern bringt praktisch immer Nachteile. Die egoistischen, rücksichtslosen und bösen Menschen sind immer im Vorteil.

12. Oktober 2009

Noch fatalere Folgen als das Wirken der Eltern hat wohl das Wirken der Lehrer. Warum? Weil es sich bei Eltern quasi um Durchschnitts-Idioten handelt, während Lehrer eine Negativauswahl darstellen: Die Gestörtesten jedes Jahrgangs werden Gefängniswärter, Polizisten – oder eben Lehrer.

12. Oktober 2009

Läuft es im Leben überdurchschnittlich gut, liefert die Irrenanstalt das passende Bild: ewiges Wiederholen sinnloser Abläufe. Das Wesen unseres Daseins treffen freilich eher Horrorfilme mit ihrer Veranschaulichung des Bösen. Die nächste Schreckensstufe bilden dann die weltweit verstreuten Tier-KZs, die das Böse und Irre der Welt vereinen und verdichten – zu einer nicht mehr beschreibbaren Hölle.

12. Oktober 2009

Rumänien: Auch so ein Ort, mit dem ich vor Dir nichts zu tun hatte. Und jetzt: Bei einem Bericht über den Volksaufstand und Sturz Ceausescus vor 20 Jahren war mein erster und einziger Gedanke: Da war sie so und so alt. Bei einem Konzertausschnitt, der im Fernsehen anläßlich des Todes von Michael Jackson gezeigt wurde, entdeckte ich im Hintergrund gleich den Schriftzug „Bucaresti". Und jetzt kommt auch noch die Literatur-Nobelpreisträgerin aus Rumänien.

13. Oktober 2009

Heute nacht habe ich von Dir geträumt. Ich träumte auch eine Melodie dazu. Die ganze Nacht war sie präsent, abrufbar. Aber jetzt ist sie weg, verloren. Wieder so ein Flüchtigkeitsphänomen – wie Monets Seerosen. Die Musik war nicht traurig, aber auch nicht fröhlich – sondern irgendwo dazwischen; aber schon mit melancholischem Grundton. Es war ein schöner, angenehm warmer Sommer- oder Herbsttag. Ich war auf einer hohen brückenartigen Terrasse, vermutlich von Säulen getragen, mit vielen Blumen. Wahrscheinlich habe ich gelesen. Ohne daß ich sein Kommen bemerkt hätte, entdeckte ich plötzlich hinter mir ein Mädchen, vielleicht acht oder neun Jahre alt, es zeichnete, glaube ich. Ich bat es aufzupassen, damit es nicht hinunterfalle. Das Kind beruhigte mich, es habe schon einen sicheren Platz gewählt. Mehr haben wir, glaube ich, nicht geredet. Aber ich wußte: Das bist Du. Mir war sehr wohl in Deiner Nähe. Ich empfand ein geistiges Band zwischen uns, ein Gefühl der Gemeinsamkeit, des Zusammenseins, des Zusammen-Seins.

14. Oktober 2009

Gestern abend, beim Fernsehen: Plötzlich war die Musik wieder da! Irgendeine Assoziation hat die Melodie aus dem Unbewußten gehoben. Jetzt weiß ich auch, warum ich die Melodie „vergessen" hatte: um mich zu schützen. Diese Musik bringt mich Dir sehr, sehr nahe - zu nahe. Messner.

14. Oktober 2009

Erst jetzt wird mir klar, in welchem Maße das, was Schopenhauer über die Musik sagt, auf mich zutrifft: Es ist nicht nur die Intensität des Gefühls, sondern auch die Genauigkeit der „emotionalen Übersetzung". „Unsere Melodie" ist ein exaktes Abbild meiner Gefühle, meiner Stimmung – und vor allem: der alles durchdringenden Traum-Atmosphäre. Eine Repräsentierung, eine Vergegenwärtigung, eine Verlebendigung, wie sie Worte nicht vermöchten.

16. Oktober 2009

Es fragt sich natürlich schon: Wie vertrottelt muß man eigentlich sein, um gegenüber jemandem, dem man mittlerweile nachweislich absolut egal ist, noch positive

Empfindungen zu haben – und die auch noch zu hüten, zu kultivieren! Gut – vielleicht ist das ja auch der Zweck der Übung: seine eigene himmelschreiende Blödheit endlich zu begreifen.

16. Oktober 2009

Ein geflügeltes Wort in unserer Familie in bezug auf meine erste Realisierungsinstanz: „Sicheres Auftreten bei völliger Ahnungslosigkeit" (so der Wortlaut einer Zeitungsanzeige, mit der offenkundig für einen einschlägigen Kurs oder dergleichen geworben wird). Das damit angesprochene großartige schauspielerische Talent ist ohne Zweifel auch Dir eigen. (Wenngleich Du alles andere als ahnungslos warst oder bist. Leider; denn dann könnte ich Dich moralisch entlasten.) Von all Deinen glänzenden schauspielerischen, genauer: schreibspielerischen Glanzleistungen erstaunt mich diese am meisten: Du hast es sogar geschafft, Humor vorzuspiegeln.

17. Oktober 2009

Eben lese ich einen Artikel (Drösser, 2009) darüber, warum „Neue Musik" (z. B. Schönberg, Stockhausen und Cage) beim großen Publikum einfach nicht ankommt („Zu schräg für unser Gehirn" – auch eine schöne Beschreibung für Dich!). Ein Grund: „Besonders gut ist das Gehirn darin, sich kleine melodische Elemente zu merken …. Das Wiedererkennen ist ein Erfolgserlebnis, das uns Musik verstehen lässt." Und ausgerechnet solche Erfolgserlebnisse enthalte uns diese Neue Musik eben vor. „Merken kleiner melodischer Elemente": Genau so eine musikalische Wiedererkennungseinheit in bezug auf Dich habe ich mir ja kürzlich buchstäblich „erträumt". Bravo, jetzt gehst Du mir auch als Melodie nicht mehr aus dem Kopf!

Der britische Musikwissenschaftler John Sloboda hat, entnehme ich dem Text, folgenden Grund für die mangelnde Akzeptanz experimenteller Musik entdeckt: Während ein Museumsbesucher frei darüber entscheiden kann, welches Bild er sich wie lange ansehen möchte und zwischendurch mit Freunden diskutieren oder einen Kaffee trinken kann, um seine Eindrücke zu verarbeiten, befindet sich der Konzertbesucher in einer völlig anderen Situation: „Wenn Sie in einen Konzertsaal gehen, ist das wie im Gefängnis", der Besucher sei an seinen Sitz gefesselt, dazu verdammt, über Stunden regungslos und stumm zu bleiben, während andere das Programm bestimmten.

Zugespitzt und in Abwandlung von Nietzsche („Ohne Musik wäre das Leben ein Irrtum") könnte man sagen: Mit Musik ist das Leben eine Folterkammer. Und das für mich maßgeschneiderte Höllenszenario sähe dann etwa so aus: ein Konzert, bei dem dauernd eine Sinfonie wiederholt wird, in der „Deine" Melodie das Leitmotiv bildet.

17. Oktober 2009

Eben habe ich mir in der Buchhandlung den Briefwechsel zwischen Ingeborg Bachmann und Paul Celan gekauft. Briefe Rilkes – „Das Schöne ist nichts als des Schrecklichen Anfang" (Rilke, 1980, S. 97; aus: „Duineser Elegien") – hatten sie nicht. Beim Heimweg komme ich am Dom vorbei. Eine Konzertankündigung: ein Stück von Felix Mendelssohn Bartholdy. Vertauscht man beim Titel zwei Buchstaben, ergibt sich Dein Name.

17. Oktober 2009

Die emotionale, psychologische und philosophische „Aufarbeitung" einer Liebe gleicht in gewisser Weise der Grundlagenforschung in der Naturwissenschaft: Der praktische Nutzen ist ungewiß, Erkenntnisgewinn aber ein Wert an sich.

18. Oktober 2009

Herta Müller anläßlich der Verleihung des Nobelpreises

über vergebliche Hoffnungen – im Hinblick auf ihren vor fünf Jahren verstorbenen Mann: „Es ist bitter, dass er das nicht mehr erleben durfte. Man sagt sich dann, vielleicht sitzt er in seinem Wolkenzimmer und schaut zu. Das ist ein magischer Trost, aber ich glaube nicht daran. Seine Urne wurde in die Erde getan, nicht in den Himmel." (Ich hatte so viel Glück, 2009)

18. Oktober 2009

Herta Müller über ihre Strategie der Angstbewältigung: „Das habe ich ... lernen müssen: neben mir zu stehen. So wie ich jetzt neben mir stehe ... Ich bin auf eine sehr praktische Weise schizophren." (Ich hatte so viel Glück, 2009) Das klingt nach einer recht effektiven Methode – und erinnert mich an eine Deiner allerersten Mails, in der Du mir offenbartest, eine gespaltene Persönlichkeit zu haben, in Dir wohnten mehrere Personen.

18. Oktober 2009

Ich werde ja immer für meine pointierten Formulierungen gelobt. Unsere, genauer: meine Situation habe ich auch auf den Punkt gebracht: Gäbe es sie, wäre sie hier! „Eingebrochen, hereingeklettert bei Regen und Sturm, ohne Rücksicht auf jede Art von entgegenstehender Ordentlichkeit." (Walser, 2008, S. 221)

18. Oktober 2009

Ich habe die emotionale und existentielle Dimension dieser Beziehung vollkommen unterschätzt. So wollte ich beispielsweise ursprünglich, quasi um dieses Tagebuchprojekt in Gang zu bringen, an einen bestimmten See fahren und unsere Korrespondenz noch einmal durchlesen. Beides hat sich aber nicht nur als unnötig, sondern als ganz und gar unmöglich erwiesen: Ich würde es nicht überleben! Allein der Anblick der Ordner mit Deinen Mails versetzt mich in Panik.

„Dass der Sehnsuchts-Schreck dich nicht gleich wieder zum Zittern bringt." (Walser, 2008, S. 217)

18. Oktober 2009

Eine Fernsehsendung über die Frankfurter Buchmesse. Joachim Gauck neben Akten in der nach ihm benannten Behörde, auf diese Akten zeigend: „Das beste Mittel gegen jede Nostalgie!" (Erinnerungszitat) Das bringt die Sache auf den Punkt: Das Wissen um die Fakten in bezug auf ungerechtfertigterweise Glorifiziertes – hier die ehemalige DDR – ist das beste Heilmittel gegen die

Glorifizierung, gegen schädliche, unberechtigte positive Gefühle.

19. Oktober 2009

Als Tierrechtler, Veganer, Vegetarier ist es einem unverständlich, wie die Menschen so rücksichtslos und brutal gegenüber Tieren sein können. Aber ich verstehe auch nicht – und verstehe es immer weniger –, wie Menschen so rücksichtslos und brutal gegenüber ihren Mitmenschen sein können. Bis hinein in die eigene Familie. Ich begreife es nicht. Ich kann es mir nicht erklären. Ich kann es nicht nachvollziehen.

Das läßt unter anderem zwei Schlußfolgerungen zu. Erstens: Ich bin einfach moralisch überempfindlich. Zweitens: Die Menschen *sind* einfach so fürchterlich – sagen wir es kurz: böse. Trifft letzteres zu, bedeutete dies für Tierrechtler, so merkwürdig es zuerst klingt, auch eine erhebliche Entlastung: Wenn sich die Menschen auch gegenüber ihren Mitmenschen kaum besser verhalten als gegenüber Tieren, besteht weniger Grund für die Verzweiflung darüber, daß man für Tiere so schrecklich wenig erreichen kann. Das Scheitern beim Versuch, die Menschen moralischer zu machen, ist leichter zu ertragen, wenn man weiß, daß die Menschen halt generell moralische Monster sind.

19. Oktober 2009

„You just have to make it through the night", zitierte Jane Birkin in einem TV-Interview den Rat ihrer Mutter: Im Hinblick auf die Ängste und Sorgen, die einen in der Nacht quälen, komme es vor allem darauf an, die Nacht einigermaßen gut zu überstehen, denn am Tag sehe schon wieder alles viel weniger bedrohlich aus. Das stimmt zweifellos. Freilich fragt sich: Was ist die realistischere Wahrnehmung? Die in der Nacht, wo wir Ängste, Sorgen und Schrecken quasi ungefiltert wahrnehmen? Oder die am Tage, wo wir schon wieder unseren Panzer aus Verleugnungen, Verdrängungen und Verharmlosungen angelegt haben?

19. Oktober 2009

Es gibt zwei Möglichkeiten: Entweder man redet sich die Wirklichkeit schön oder man zerbricht an ihr.

20. Oktober 2009

Ich gehe spazieren, wo ich seit Jahrzehnten spazieren gehe: Neutronale Weltsicht – aber in Farbe: Sonnenschein, blauer Himmel, grüne Wiesen, schneebedeckte Gipfel. Schön ist es hier. Aber was mache ich hier? Alles bedeutet nichts. Es ist, als wäre ich eben einem Raumschiff entstiegen: alles neu, alles beziehungslos.

„Ein Ziel des Dichters könnte doch sein ..., ‚am Ende zur reinen Gegenstandslosigkeit, zur freien themenlosen Szenerie, zur entgrenzten Impression vorzustoßen‘.“
(Volker Hage im „Spiegel“ [43, 2009] über Botho Strauß′ Buch „Vom Aufenthalt“, Strauß zitierend)

20. Oktober 2009

Wenn jemand ein Liebesgedicht oder Liebeslied schreibt, so ist dies ein sicheres Zeichen dafür, daß er verrückt ist: Er beschreibt oder besingt etwas, das es nicht gibt. Nun werden aber ununterbrochen Liebesgedichte und Liebeslieder geschrieben, und das schon seit Jahrhunderten. Und diese Dichter und Komponisten sind ja quasi nur die Spitze des Eisbergs: Ähnliche Erlebnisse haben auch die Menschen, die sie nicht auf diese Weise ausdrücken und beschreiben können. Nimmt man all dies zusammen, ergibt sich ein gigantisches Maß an unsinnigem Leiden und abgründiger Verrücktheit. Man sollte die Liebe abschaffen.

Das ginge eigentlich vergleichsweise einfach und schnell: Man müßte lediglich dafür sorgen, daß nur mehr Kinder eines Geschlechts geboren würden. Dann gäbe es keinen „Nachschub“ mehr und daß alle schon

Lebenden gleich homosexuell würden, ist eher unwahrscheinlich. Einen Versuch wäre es auf alle Fälle wert. Angenehmer Nebeneffekt: Der planetarische GAU Mensch fände ein Ende.

21. Oktober 2009

Jahrzehnte nach dem Auftreten der Tierrechtsbewegung erscheint mir eine „Befreiung der Tiere" aus menschlicher Tyrannei durch Menschen, also bewerkstelligt durch Menschen, immer unwahrscheinlicher. Mehr noch: Eine Verbesserung des Loses der Tiere erscheint mir nur *ohne* Menschen, genauer: *nach* den Menschen möglich. So gesehen gibt es durchaus Grund zu Optimismus.

21. Oktober 2009

Sich unsterblich verlieben – was heißt das eigentlich? Schmerzlich fehlt in unserem Wortschatz auf alle Fälle: sich tödlich verlieben.

21. Oktober 2009

Eine mögliche bejahende Beantwortung der Frage, ob es sinnvoll sein könne, Verliebtheit zuzulassen bzw.

sich mit ihr auseinanderzusetzen, lautet wohl: Wie die Wirklichkeit *wirklich* aussieht, können wir nicht wissen. Wenn wir daher zur „normalen" Wahrnehmung noch einer andere hinzubekommen – die Wahrnehmung im Zustand der Verliebtheit –, so vergrößert dies unser Wahrnehmungsspektrum und damit die Chance, mehr von der Wirklichkeit bzw. einen größeren Teil von der Wirklichkeit zu erkennen.

21. Oktober 2009

So fürchterlich mysteriös ist das besondere Grauen gescheiterter Lieben auch wieder nicht: die maßlose Enttäuschung, Verbitterung, Verärgerung, Verzweiflung. Denn bei Lichte besehen ist die „sachliche Grundlage" hierfür keine andere als bei anderen negativen zwischenmenschlichen Beziehungen: Feigheit, Verrat, Falschheit, Rücksichtslosigkeit, Opportunismus, Illoyalität. Aber bei gescheiterten Lieben nehmen wir all dies quasi wie im Brennglas und auf existentielle Weise wahr.

22. Oktober 2009

Gibt man sich wirklich Mühe, schafft man es sehr wohl – wenigstens in „lichten Momenten" –, ziemlich weitgehend zu unterscheiden zwischen den Gefühlen, die man tatsächlich hat, und den Gefühlen, die angesichts des Verhaltens des Gegenübers berechtigt bzw. angemessen wären.

22. Oktober 2009

Ich ertappe mich beim Gedanken: Es *muß* doch auch bei Dir eine Entsprechung zu meinen Gefühlen geben – wenigstens ansatzweise! Das gleiche Pänomen wie der Glaube bzw. Impuls: Es *muß* einen Gott geben – weil ich ohne diesen Glauben nicht weiterleben könnte.

22. Oktober 2009

Ich lese gerade die Korrespondenz zwischen Ingeborg Bachmann und Paul Celan, die einander im Nachkriegs-Wien begegneten, wo sie Philosophie studierte und wohin er aus Rumänien geflohen war. (Badiou et al., 2009, S. 225) Apropos Korrespondenz: Als wir uns zu schreiben begannen, war gerade ein Korrespondenz-Band eines berühmten Schriftsteller- oder Künstlerpaars erschienen – vom „Kaliber" Bachmann - Celan. Ich schrieb Dir, daß ich unsere Korrespondenz auch auf dieser Ebene ansiedle. „Wirklich?", schriebst Du; der Gedanke gefiel Dir. Mir auch.

22. Oktober 2009

Lese ich die Korrespondenz Bachmann - Celan, werde ich traurig und wütend zugleich: Es ist schon ein fürchterlicher Jammer, an jemanden wie Dich zu geraten. Nicht daß Deine Briefe primitiv gewesen wären. Wären sie es nur gewesen! Nein: Sie waren – zuweilen sogar gleichzeitig! – wunderbar leicht und tiefsinnig schön. Und vieles mehr. Und erst Deine Wortschöpfungen! Ich habe mich ja zuallerst in Deine Sprache verliebt. Und dann muß ich erkennen – ich begreife es bis heute nicht: Alles nur gespielt, alles nur vorgetäuscht, nichts wahr. Mehr noch: Vom meisten, was Du geschrieben hast, hat sich nachher herausgestellt, daß exakt das Gegenteil zutrifft!

„Gab es Einschränkungen, Abweisungen, die er nicht bemerkt hatte? Er musste nicht nur diese oder jene Einzelheit, sondern alles falsch empfunden haben. Sie hatten an einander vorbeigelebt. Wahrscheinlich wäre sie entsetzt, wäre auch ihre Mutter entsetzt, wenn beide wüssten, in welche Illusion er sich hineingelebt hatte. Wie er aus dieser Illusion herausfinden sollte, wusste er nicht. (...) Wenn sie nicht so ist, wie er sich das einbildet, dann lebt er in einer Illusion, gegen die er nichts vermag." (Walser, 2008, S. 77)

22. Oktober 2009

Morgen gehe ich zu einem Jazzabend, bei dem mein Sohn spielen wird. Als ich vor etwa einem Jahr zu solchen Veranstaltungen ging, war ich felsenfest davon überzeugt, künftig gemeinsam mit Dir solche Konzerte zu besuchen.

22. Oktober 2009

Ein Fernsehbericht über einen Pariser Friedhof. Geschichten über die hier liegenden Toten, Stimmungen, Gedanken. Ich werde von Gedanken, Erinnerungen und Assoziationen, die Dich betreffen, überschwemmt. Das hängt wohl auch damit zusammen, daß ich mir seinerzeit (aufgrund des Inhalts unserer Korrespondenz) fest vorgenommen hatte, mit Dir gemeinsam die Gräber von Schubert und Beethoven zu besuchen.

23. Oktober 2009

Heute war ich bei dem Jazzabend. Es war fürchterlich. Und sehr schön. Aber ich ertrage eben einfach keine Musik mehr.

„Wenn ich in die Oper geladen werde, sage ich jetzt immer freudig zu, und in letzter Minute fühle ich mich dann nicht wohl. Würde ich gleich absagen, müsste ich herumreden, verbergen, dass ich ohne Ulrike keine Musik mehr ertrage." (Walser, 2008, S. 196)

Auf dem Heimweg gehe ich bei jenem Lokal vorbei, in dem ich seinerzeit für uns einen Tisch reserviert hatte. Dann komme ich zum Wirtshaus, in dem ich immer in den Ausdrucken Deiner Mails gelesen habe. Wenn Du etwas geschrieben hattest, was ich für einen Beweis für Deine Zuneigung und Liebe hielt, waren diese Stunden für mich der Inbegriff von Geborgenheit, Glück und Zuversicht.

23. Oktober 2009

In schwierigen Situationen frage ich mich immer: Kann ich daraus etwas lernen, kann ich das in eine Übung für eine Fertigkeit, für eine Technik verwandeln, die auch in anderen Lebenslagen nützlich sein könnte? Jemanden sehr zu lieben, der einen überhaupt nicht liebt, ist mit Sicherheit so eine schwierige Situation! Und man kann sie tatsächlich zur Einübung in eine allgemein hilfreiche Fertigkeit nützen: unangenehme Situationen höchster Anspannung zuzulassen und auszuhalten. Die Realität, wie sie nun einmal ist, zuzulassen und auszuhalten – *ohne* die Flucht in die eine oder andere Richtung zu ergreifen.

Hier: Im Grunde bedeutet sie mir ohnehin nichts. Oder: In der Tiefe ihres Herzens liebt sie mich doch auch.

Ein sinnvoller, ja notwendiger „Anwendungsort" dieser Strategie ist das Aushalten der Tatsache, daß der Terror gegen Tiere auch nach Jahrzehnten nach dem Auftreten der Tierrechtsbewegung nicht nur nicht abnimmt, sondern die gesellschaftliche Tolerierung dieses Terrors unterm Strich sogar noch zunimmt. Das unter Tierrechtlern weitverbreitete *Nicht*-Aushalten dieser Situation führt zu einem fatalen Sich-hinein-Halluzinieren in einen Optimismus im Hinblick auf die „Befreiung der Tiere", der in der Wirklichkeit durch nichts gedeckt ist.

23. Oktober 2009

Mein Lebensgefühl läßt sich exakt formulieren: Entweder mit Dir oder gar nicht.

„Der Befund ist: Er kann auf alles in der Welt verzichten, auf sie aber nicht." (Walser, 2008, S.156)

24. Oktober 2009

Ein recht anschauliches Beispiel für die von Herta Müller beschriebene Strategie des quasi Neben-sich-Stehens bringt die Psychiaterin Heidi Kastner im „Spiegel" (43,

2009). Sie berichtet von Opfern sexuellen Mißbrauchs, die ihr anvertraut haben, „sie hätten sich da hingelegt, als wären sie gar nicht anwesend".

24. Oktober 2009

Dieses Projekt hat nunmehr eine Intensität und Dynamik gewonnen, die mich zwingen, es in dieser Form abzubrechen oder zumindest zu unterbrechen. Anderenfalls wäre der Zusammenbruch – in welcher Form immer – programmiert. Bevor ich zur rigorosen Verdrängung von allem, was mit Dir zusammenhängt, schreite (was übrigens ebenfalls die Einübung in eine in Krisensituationen hilfreichen Fertigkeit wäre), versuche ich es mit einer milderen Form der Abwehr (die wohl dem entspricht, was Herta Müller mit dem Neben-sich-Stehen meinte):

Bis jetzt war ich bei diesem Projekt ja Erlebender und Beobachter zugleich: Ich habe die Erinnerungen, Hoffnungen, Wünsche, Schmerzen usw. in bezug auf Dich durchlebt und mich dabei gleichzeitig beobachtet. Jetzt werde ich mich auf die Beobachter-Rolle beschränken oder mich zumindest darauf konzentrieren. Ich werde versuchen, die Phänomene quasi strikt wissenschaftlich zu beobachten und zu erfassen – und das Erleben quasi dem neben mir Stehenden überlassen.

24. Oktober 2009

Das funktioniert jetzt schon ganz gut: Sobald ich alle Assoziationen und Gedanken in bezug auf sie rigoros abwürge, verdränge, wird quasi der emotionale Generalschalter umgelegt: *Alles*, die ganze Welt ist nun ohne Gefühl, hat keine emotionale Anmutung – eben: neutronale Weltsicht.

„Mir ist das All, ich bin mir selbst verlohren." (Behrens / Michel, 1991, S. 64)

24. Oktober 2009

Würmer am Weg als Veranschaulichung des menschlichen Schicksals: Einige sind noch heil, einige halb zertreten, andere ganz zertreten und tot.

25. Oktober 2009

Eben will ich schlafen gehen, da treffe ich beim Durchzappen auf Jacques Loussier – „Air": Augenblicklich bricht meine neutronale Wahrnehmung zusammen und ich bin ganz nah bei Dir. „Air" – mir fallen sofort die Zeilen ein, die Du mir geschrieben hattest, nachdem Du Dir (auf meine Empfehlung hin) das Stück angehört hattest: „Ich zerfließe hier" oder „der Laptop zerfließt" - oder beides zerfließt. Hast Du mir das nicht per SMS geschickt? Ich sehe nach (bis jetzt hatte ich dazu nicht den Mut gefunden). Eine Air-SMS ist nicht dabei; also hattest Du mir das gemailt.

Aber andere SMS! Inklusive: „Guten Morgen mein Engel ..." Grenzsituation. Mein Blick fällt auf das Buch mit dem Briefwechsel zwischen Hannah Arendt und Martin Heidegger, in dem ich heute zu lesen begonnen habe (Ludz, 2002). Der erste Brief vom 10. Februar 1925 beginnt so: „Liebes Fräulein Arendt! Ich muß heute Abend noch zu Ihnen kommen und zu Ihrem Herzen sprechen."

„Wie soll ich meine Seele halten, daß
sie nicht an deine rührt? Wie soll ich sie
hinheben über dich zu andern Dingen?
Ach gerne möchte ich sie bei irgendwas
Verlorenem im Dunkel unterbringen
an einer fremden stillen Stelle, die
nicht weiterschwingt, wenn deine Tiefen schwingen."
(Rilke, 1980, S. 52; aus: „Liebes-Lied")

26. Oktober 2009

Bin ich moralisch überempfindlich, überstreng? Im Hinblick auf den Umgang der Menschen mit Tieren bestimmt nicht! Ich *sehe* schlicht das Unrecht, das Menschen Tieren dauernd zufügen – während die „Normalbürger", also die Fleischesser dieses Unrecht nicht sehen bzw. nicht sehen wollen. Es spricht also einiges dafür, daß ich auch in bezug auf den mitmenschlichen Umgang richtig liege, wenn ich überall Unmoral, Egoismus und Rücksichtslosigkeit wahrnehme. Mit anderen Worten: Es spricht einiges dafür, daß die Menschen tatsächlich noch unmoralischer und noch böser sind, als gemeinhin angenommen wird.

26. Oktober 2009

Hannah Arendt sprach bekanntlich von der Banalität des Bösen. Vergleiche ich Deine Worte mit Deinem Handeln, gelange ich freilich fast zwangsweise zur Alternative: grandios krank oder grauenvoll böse. Aber vielleicht ist doch alles viel banaler - und damit moralisch harmloser. Ich wünsche es Dir; mir, uns.

27. Oktober 2009

Erstmals seit langem bekomme ich die neutronale Weltsicht nicht so richtig hin. Ich kann mich zwar Deiner als Person einigermaßen erwehren, aber nicht der Atmosphäre, die Dich repräsentiert. Deiner Aura (den Ausdruck hatte ich auch im Nachtrag zu unserem Treffen verwendet) kann ich nicht entfliehen. Das sind die Nachwehen dessen, was ich von Dir gelesen habe: Deine SMS und dann die Zeilen, die mir beim Einordnen der SMS in die Korrespondenz-Ordner ins Auge sprangen. Da ermahnst Du mich, in bezug auf uns nicht so skeptisch, ängstlich und pessimistisch zu sein, mehr auf meine Gefühle zu achten und diesen zu vertrauen. In dem Zusammenhang schreibst Du etwa: „Ich hoffe, daß auch Du es schön langsam fühlst …" Außerdem entbehre meine Besorgnis auch deshalb der Grundlage, weil unser Treffen doch ohnehin toll verlaufen sei.

27. Oktober 2009

Das Haus am Mönchsberg, das renoviert wird, „unser" Haus, entwickelt sich zur Obsession: Eben habe ich mich dabei ertappt auszurechnen, ob es sich zeitlich jetzt noch ausgehe, dort vorbeizuschauen.

27. Oktober 2009

Mein Erscheinen beim heutigen Auftritt meines Sohnes muß ich wohl absagen. Ich ertrage Musik einfach nicht mehr. Ich hatte ja bereits am Freitag große Probleme. Und dann kam noch der Zusammenbruch bei „Air". Und heute abend wäre auch das Lokal selbst noch ... – aufgeladen: Weil ich dort vor einem Jahr fest glaubte, künftig mit Dir dorthin und anderswohin zu gehen.

27. Oktober 2009

Heute ist mit der Post mein neues Buch gekommen: „Ich esse meine Freunde nicht". Das Buch, für das Du gerne „wimpernklimpernd" auf Verlagssuche gegangen wärest. Das Buch, das ich Dir widmen wollte. Und auf einmal fällt mir etwas Unheimliches auf: Nachdem ich kurz zuvor in Heideggers Briefen an Hannah Arendt gelesen hatte, in denen er immer wieder seine Kind-Anmutungen in bezug auf Arendt äußert („Kind, Du liebes", Ludz, 2002, S.59) und nachdem ich an „unseren" Traum gedacht hatte, wird mir plötzlich klar, warum mich gerade dieses Bild, das jetzige Coverbild – ein Mädchen mit Kühen – von Anfang an so in seinen Bann gezogen hatte: Das bist Du.

28. Oktober 2009

Eben mache ich eine bemerkenswerte Beobachtung: Wenn ich den Widerspruch zwischen Deinem Reden (bzw. Schreiben) und Deinem Verhalten betrachte, versetzt mich das in eine geradezu panische Fassungslosigkeit. Wenn ich aber den qualitativ wie quantitativ *gleichen* Widerspruch bei meiner Tochter betrachte, läßt mich das vergleichsweise völlig kalt. Da habe ich überhaupt kein Problem, die Sache mit „Schopenhauerschem Blick" zu sehen (selbst einer besonderen Niederträchtigkeit mit ebensolchem Gleichmut zu begegnen, wie ein Mineraloge eine sehr seltene Gesteinsprobe betrachtet; Schopenhauer, 1977, S. 495). Das ist die praktische Veranschaulichung dessen, was ich vor ein paar Tagen theoretisch formuliert habe: daß es sich beim Liebesunglück bzw. -ärger um die gleichen Grundkonstellationen handelt wie bei „normalem" Unglück und Ärger, daß aber bei ersterem eben die größere Intensität und die existentielle Komponente hinzukommen.

Daß ich Dein moralisch grauenvolles Verhalten nun auch bei meiner Tochter wahrnehme, beruhigt mich immens. Warum? Vielleicht bin ich darüber froh, daß auch Du nur „normal böse" bist. Denn die Größe meines Schmerzes resultiert ja vor allem auch aus der Größe der Differenz zwischen meiner Liebe zu Dir und der Bösartigkeit, die mir von Dir entgegenschlägt. Je kleiner diese Differenz, desto besser, desto „beruhigender".

28. Oktober 2009

Du hättest eigentlich phantastisch in unsere Familie gepaßt: Groß und feierlich daherreden – und das Gegenteil tun. Das hat bei uns eine lange, schauerliche Tradition. Zum Beispiel: Immer von der Heiligkeit der Familie schwafeln und gleichzeitig im Handeln die Familie zerstören.

29. Oktober 2009

In Heideggers Briefen ist immer wieder von Karl Jaspers die Rede. Da fällt mir ein: Das ist doch der mit den „Grenzsituationen" – und mit denen haben vermutlich meine Situation und dieses Projekt viel zu tun! Ich nehme ein philosophiehistorisches Buch (Störig, 1970, S. 439), zur Hand, das meine Vermutung bestätigt: In Grenzsituationen im Jasperschen Sinne (Tod, Leiden, Kampf, Schuld), letzten Situationen, die nicht verändert oder umgangen werden können, verwirklicht sich die Existenz unmittelbar. Indem wir mit offenen Augen in solche Situationen eintreten, werden wir ganz wir selbst. Erst im Scheitern erfahren wir das Sein in voller Breite und Tiefe.

Und noch ein Gedanke Jaspers', der an hier schon früher Angesprochenes anknüpft, springt mir ins Auge. Jaspers 1932: „Wäre die Möglichkeit, auf technischem

Wege die Grundlagen allen Menschendaseins zu vernichten, so ist kaum zu zweifeln, daß sie auch eines Tages verwirklicht würde ... Nach aller Erfahrung von Menschen in der Geschichte wird auch das Furchtbarste, das möglich ist, irgendwann und irgendwie, von jemandem vollbracht."

29. Oktober 2009

Volker Schlöndorff im Fernsehen (vermutlich über seine Arbeit): Das Entscheidende sei, den immensen Druck auszuhalten, ohne wahnsinnig zu werden. Dieser Gedanke geht mir fast täglich durch den Kopf.

29. Oktober 2009

Bei der Selbsterforschung dahingehend, was meine größte Schwäche sei, komme ich immer zum gleichen Ergebnis: meine Geduld. Und Geduld ist ja generell viel öfter als vermutet anstatt einer Tugend ein Unvermögen: das Unvermögen, längst Offenkundiges endlich auch zur Kenntnis zu nehmen und zu akzeptieren. So gesehen ist Geduld auch ein großer Wahrheits- und Wirklichkeitsfeind.

„So fluch ich allem, was die Seele

Mit Lock- und Gaukelwerk umspannt
Und sie in diese Trauerhöhle
Mit Blend- und Schmeichelkräften bannt!
(...)
Fluch sei dem Balsamsaft der Trauben!
Fluch jener höchsten Liebeshuld!
Fluch sei der Hoffnung! Fluch dem Glauben,
Und Fluch vor allem der Geduld!"
(Goethe, 1977, S. 47)

29. Oktober 2009

Die ganze Zeit frage ich mich schon, ob es an einem so trüben, nebeligen Tag wie heute einfacher ist, auf die neutronale Weltsicht umzuschalten. Ich bin mir nicht sicher, denke aber, daß es ziemlich egal ist, welches Wetter gerade herrscht. Denn das Wesen der „normalen", nicht-neutronalen Weltsicht besteht ja gerade darin, daß *wir* sie kreieren, *wir* schaffen die Welt mit all ihrer emotionalen Bedeutung – egal, bei welchem Wetter.

Jetzt, wo ich „unser" Stammlokal erblicke, weiß ich: Trübes Wetter macht es nicht leichter, die Welt ohne Dich zu sehen: Ich stelle mir nämlich gerade vor, wie es wäre, jetzt, *jetzt* – mit Dir in die mit warmem, mildem Licht erleuchtete Stube zu treten.

29. Oktober 2009

Als Person bekomme ich Dich ganz gut weg. Aber das Atmosphärische, Deine Aura – das ist das Problem. „Ihr naht euch wieder, schwankende Gestalten"!

29. Oktober 2009

Ein Schiller-Abend im Fernsehen, Studenten lesen Schiller und schildern ihre Eindrücke. Erinnerst Du Dich an unsere Korrespondenz in bezug auf Hölderlin? Spätestens da hätte ich stutzig werden müssen und das Mißverhältnis zwischen Deinem Groß-daher-Reden und dem, was dahintersteckt, erkennen sollen.

„Diotima! selig Wesen!
Herrliche, durch die mein Geist,
Von des Lebens Angst genesen,
Götterjugend sich verheißt!
Unser Himmel wird bestehen,
Unergründlich sich verwandt,
Hat sich, eh wir uns gesehen,
Unser Innerstes gekannt."
(Hölderlin, 1966, S. 32 f.)

Auf meinen Hinweis, das sei Weltliteratur, kam von Dir eine peinlich-entlarvende Bemerkung – in Richtung:

Oohh, jaa, Weltliteratur! Ich verneige mich! Usw. Da wäre Deine MySpace-Mentalität schon zu erkennen gewesen.

„Sofort wusste er, jetzt war der Gruß nichts mehr wert. Mit dieser Schmuck-Suada hatte sie alles entwertet. Jetzt war nichts mehr. Jetzt war er dahin verwiesen, wo er hingehörte, von wo er sich nie hätte wegbewegen lassen dürfen. Aber wie hätte er das in den tausend Augenblicken wissen wollen, dass das alles immer nichts war." (Walser, 2008, S. 265)

Martin Walser sagte einmal, auf Ulrike von Levetzow gemünzt, glaube ich: Die überlieferten Informationen über sie und die überlieferten Aussagen von ihr ergäben ein derart armseliges Bild, daß er, Walser, sich fast verpflichtet gesehen habe, sie intellektuell bzw. niveaumäßig nachträglich „upzugraden", um Goethe nicht in einem *allzu* schlechten Licht erscheinen zu lassen, seine Gedanken und Gefühle gegenüber Ulrike nicht als so *vollends* unberechtigt erschienen zu lassen. Mit anderen Worten: Goethe hat aus der Sicht Walsers zu einem Gegenüber gesprochen, das so weit von einem auch nur einigermaßen angemessenen Gegenüber entfernt war, daß er, Walser, Goethe quasi nachträglich rehabilitieren wollte, indem er Ulrike posthum aufwertete.

30. Oktober 2009

Wenn man sich über die Unannehmlichkeiten, Unge-
rechtigkeiten und Enttäuschungen seines Lebens be-
schwert, sollte man sich auch fragen, ob man denn dann
lieber nicht existierte, als dieses Leben zu führen. Kommt
man zum Ergebnis, daß man überhaupt nicht lieber jetzt
gleich sterben würde, als dieses Leben, wie es nun einmal
ist, zu leben, wird man seine Situation in einem völlig
anderen Licht sehen.

30. Oktober 2009

Deine Sprache! Ich warte gerade auf meinen Sohn und
nehme mir vor, ihm in bezug auf eine bestimmte Sache zu sagen: Da habe ich kein bißchen übertrieben! Da
fällt mir Dein „kein fuzzifizziklitzekleinesminibißchen!"
(oder so ähnlich) ein. „Minibißchen".

30. Oktober 2009

Immer wieder heißt es, man könne gar nicht umhin,
schuldig zu werden. Was für ein Unsinn! Genauer gesagt: was für eine durchsichtige Selbsttäuschung zum al-
leinigen Zweck, es mit der Verantwortung für sein Handeln nicht so genau nehmen zu müssen. Denn schuldig

zu werden, ohne es zu wissen, geht ja gar nicht (wohl aber etwas zu verursachen, ohne es zu wissen). Und das Vermeiden von Schuldigwerden ist zwar gewiß nicht immer angenehm oder einfach, meist aber sehr wohl möglich: Es zwingt mich ja niemand zu einem Handeln, das ich als schuldhaft erkenne. Und wenn, ist es nicht mehr schuldhaft.

30. Oktober 2009

Es gibt in der Philosophie und Ethik sowie in der Glücks- und Lebensweisheitenabteilung das Standardargument: Nur wer sich von der eigenen Person abwende, anderen zuwende und diesen Gutes tue, könne so richtig zufrieden, froh und glücklich werden. Nun, da ist gewiß viel dran, und es funktioniert mit Sicherheit gegenüber Tieren oder beispielsweise hungernden Menschen, für die man spendet. In *einem* Bereich ist dieses Rezept allerdings buchstäblich lebensgefährlich: Im alltäglichen Umgang mit konkreten Menschen, denen man immer wieder begegnet: Durch nichts schafft man sich auch nur annähernd so leicht geradezu grimmige Feinde als dadurch, daß man den Menschen Gutes tut.

30. Oktober 2009

Die Heidegger-Korrespondenz hat mich auch deshalb interessiert, weil ich hoffte, dadurch „nebenbei" etwas über seine Philosophie im allgemeinen und über sein Buch „Sein und Zeit" im besonderen zu erfahren. Nun lese ich in der „Zeit" (44, 2009), was der Physiker Rolf Landua über die Zeit sagt: Das sei ein kompliziertes Konzept, das noch von niemandem so wirklich begriffen worden sei. „Zeit ist Veränderung. Gäbe es keine Veränderung, gäbe es keine Zeit." Dann noch etwas eher Beruhigendes: „Die Masse unseres Universums besteht zu 96 Prozent aus Dingen, die wir nicht verstehen."

30. Oktober 2009

Na bitte, da haben wir es schwarz auf weiß und wissenschaftlich belegt, was ich oben (am 12. Oktober) sagte: Moralisches Verhalten bringt praktisch immer Nachteile. Im Artikel „Die Wurzeln des Bösen" (Schmitt, 2009), einer „Gedankenreise in die Vorgeschichte unserer Art", heißt es in bezug auf die Selbstlosigkeit: „Davon profitieren nahezu alle, nur der Selbstlose nicht. Dem bringt sein Verhalten in der Regel sogar Nachteile." Der Völkerkundler Jürg Helbling: „Das Böse war ein Erfolgsmodell, das ist eine Realität, die man verkraften muss."

30. Oktober 2009

Der Gerichtspsychiater Hans-Ludwig Kröber auf die Frage, wie er den Umgang mit schrecklichen Taten psychisch bewerkstellige, ob er da quasi eine innere Rüstung anlege („Das Böse lebt in der Tat", 2009): „Man zieht sich in der Tat eine Art inneren Arztkittel an und konzentriert sich auf die handwerkliche Sorgfalt." Genau das mache ich auch, wenn ich nach dem (versuchten) Umschalten auf die neutronale Weltsicht an diesem Projekt weiterarbeite. Ich habe mir selbst ausdrücklich zwei Rollen, in die ich dann schlüpfe, verordnet: Beim Betrachten und Bewerten von Handlungen und Erlebnissen bin ich Psychologe, beim Bearbeiten meiner Einträge Lektor.

31. Oktober 2009

Daß der Mensch generell ein „Fehlschlag der Natur" (Theo Löbsack) ist, ist ja mit Händen zu greifen. Wer oder was sonst als eine komplette Fehlkonstruktion würde sich schließlich etwa freiwillg Atomkraftwerke vor die Haustüre stellen? So gesehen ist es nicht nur nicht überraschend, sondern im Gegenteil fast zwingend, daß der Mensch auch eine moralische Fehlkonstruktion ist. Die Vorstellung, daß sich ein offenkundiger Fehlschlag ausgerechnet im moralischen Bereich als gelungen erweist, ist ja abwegig.

31. Oktober 2009

„Es gibt keine Methode, eine vergangene Liebe zurückzuholen, wie es auch keine Methode gibt, eine bestehende Liebe am Leben zu erhalten." (Lauster, 1991, S. 49)

Das ist eine ebenso ungeheuerliche wie schreckliche Aussage – und erinnert mich an etwas, das Du einmal gesagt hast: „Das klingt so schrecklich, daß es wahr sein könnte."

31. Oktober 2009

Man kann die entscheidende Frage auch so formulieren: Ist meine Liebe und Anhänglichkeit nun Ausdruck metaphysischer Treue oder abgründiger Dummheit?

31. Oktober 2009

Spektakuläre Bestätigung meiner Vermutung, daß dieses südafrikanische Konzept der Wahrheits- und Versöhnungskommission eine großartige Sache ist: Jemand sagt im Fernsehen im Zusammenhang mit dem Thema Schuld: Die größte Strafe ist die Wahrheit.

31. Oktober 2009

Immer wieder komme ich zur unabweisbaren Erkenntnis: Du hast mich *dermaßen* mißhandelt, *so* verantwortungslos mit mir gespielt, daß eine Fortsetzung dieses Projekts völlig sinnlos ist. Aber mittlerweile geht es ja gar nicht mehr um Dich, sondern nur mehr um *mein Bild von Dir.* Allerdings – und das macht die Sache so pervers, ja surreal: Dieses Bild von Dir ist zwar *mein* Bild von Dir. Und dieses Bild hat offenkundig nichts mit der Realität zu tun. Aber dennoch habe ich erdrückende Belege, ja Beweise dafür, daß Du Dich exakt entsprechend diesem Bild verhalten hast: Deine Mails.

1. November 2009

Manchmal befinde ich mich in so einem mittleren bzw. Schwebe-Zustand: Du bist mir nahe, aber nicht so nahe, daß es wehtut. Ich denke an Deine Worte: „Von mir aus können wir ewig so weitermachen."

1. November 2009

Bis jetzt verband ich mit der Nähe der Ordner mit unserer Korrespondenz die bedrohliche Vorstellung von tödlich strahlendem Atommüll. Nun ist mir auch der

Gedanke bzw. die Assoziation möglich: angenehm wärmend.

1. November 2009

Erst jetzt, als ich von der Straße durch die Fenster in ein Kaffeehaus blicke, aus dem eine Dir typmäßig entsprechende Frau herausschaut und ich die Farbe der Sitzpolsterung wahrnehme, bemerke ich, daß diese Farbe, die ich mit Dir assoziiere, jene Farbe ist, die vor vielen Jahren meine Lieblingsfarbe war. So hatte ich mir etwa vorgenommen, die Sitze meines weißen Mercedes 600 in dieser Farbe anfertigen zu lassen. Darüber, warum ich diese Farbe mit Dir verbinde, rätsle ich seit Monaten. Irgendetwas an Dir muß diese Farbe gehabt haben. Dein Schal? Jedenfalls versetzt mir diese Farbe jedesmal, wenn ich sie sehe, einen Schock.

„Die Liste der Vorsicht und des Vermeidens. Welche Situationen sind gefährlich, weil sie Anfälle und Überfälle provozieren. Jedes Ausdemfensterschauen ruft die Fenster der Goldenen Traube her. Jedes Glasinderhandhalten die Promenade. (...) Vorher wissen, wann die Kirchenglocken läuten. Dass der Sehnsuchts-Schreck dich nicht gleich wieder zum Zittern bringt." (Walser, 2008, S. 217)

1. November 2009

Mir wird klar: Musik birgt für mich die gleiche Gefahr in sich wie die Korrespondenz-Ordner: Komme ich ihnen zu nahe, droht der Absturz, die Vernichtung.

1. November 2009

„Wir wollen uns nicht so etwas wie eine Seelenfreundschaft einbilden, die es unter Menschen nie gibt", schreibt Martin Heidegger am 10. Februar 1925 an Hannah Arendt (Ludz, 2002, S. 12), um erläuternd fortzufahren: „Ich kann und will nicht Ihre treuen Augen, Ihre liebe Gestalt trennen von Ihrem reinen Vertrauen, der Güte und Lauterkeit Ihres mädchenhaften Wesens." Dazu fällt mir Deine leicht laszive, eher rhetorische Frage ein, ob denn auch Seelen auf einander scharf sein könnten. Und meine Bemerkung, daß Du von Anfang an beides für mich warst: die begehrenswerte Frau und die liebe Freundin.

„Du weißt auch: Du warst, als ich Dir begegnete, beides für mich: das Sinnliche *und* das Geistige." Paul Celan an Ingeborg Bachmann am 31. Oktober 1957 (Badiou et al., 2009, S. 64)

1. November 2009

Hannah Arendt erzählt Martin Heidegger in einem Brief vom September 1930 folgende Geschichte (deren Bezug zu Heidegger hier nichts zur Sache tut): „Als ich ein kleines Kind war, hat meine Mutter mich einmal töricht verspielt so erschreckt. Ich hatte das Märchen vom Zwerg Nase gelesen, dem die Nase so lang wird, daß ihn keiner mehr erkennt. Meine Mutter tat so, als ob das nun mit mir der Fall sei. Ich weiß noch genau den blinden Schrecken, mit dem ich immer nur rief: aber ich bin doch dein Kind, ich bin doch die Hannah." (Ludz, 2002, S. 67) Das erinnert mich an das, was Du mir einmal geschrieben hast, nachdem ich mich wieder einmal besorgt und beunruhigt über den Bestand unserer Beziehung geäußert hatte. Es war das Schönste und Beruhigendste (und Unzutreffendste!), was mir je jemand geschrieben hat. Du schriebst etwa (daß und warum ich nicht wörtlich zitieren kann, wurde mittlerweile ja hinlänglich dargelegt): „Helmut, jetzt schau mal her - lies mal her: Ich bin's doch, Deine ....., *Deine* .....!" Ich habe mich nie vorher und nie nachher so gefreut. Außer am 25. Dezember 2008.

1. November 2009

Am 27. November 1970 schrieb Hannah Arendt in

New York an Martin Heidegger unter anderem: „Zwischen zwei Menschen entsteht manchmal, wie selten, eine Welt. Die ist dann die Heimat." (Ludz, 2002, S. 206) Diese Heimat war für mich die Zeit, in der wir uns buchstäblich über Gott und die Welt unterhielten, in manchmal bis zu 20 Mails am Tag.

„Solange ich Ihnen schreibe, spreche ich Sie an. Ich sehe Sie. Sie hören mir zu. Ich bilde mir ein zu wissen, wie Sie auf diesen und wie Sie auf jenen Satz reagieren. Und ich nehme Ihre Rektionen auf in meinen Brief. Ich lese in Ihrem zuhörenden Gesicht eine herzliche, gut, auch teilnahmsvolle Billigung meines Briefschreibens." (Walser, 2008, S. 191)

„Die Leute, die mich verlachen, weil ich Sie nicht vergessen kann, wissen nichts von Ihnen. Sie glauben, ich habe wegen eines so jungen Menschen den Verstand verloren. (...) Weil sie die Contresse Levetzow nicht kennen! Nicht ihren Reichtum im Antworten! Im Widersprechen! Wenn ich an unsere Gespräche denke, weiß ich, dass ich vorher niemals solche Gespräche erlebt habe. (...) Sie, Ulrike, Sie, Sie, Sie sind ... zur Welt gekommen, dass ich mich in einem zweiten Menschen verlieren konnte und erleben, wie er mich mir glücklich zurückgab." (Walser, 2008, S. 257)

„Wenn die Seelen einander nicht küssen, sind die Münder tot. Ach, Ulrike, hatte er gerufen oder geseufzt, auf jeden Fall hatte er wieder einmal den Grad ihrer Übereinstimmung gefeiert. Das war bei so vielen Gesprächen und Situationen immer sein Part: die Übereinstimmung zu feiern, die sie gerade wieder erlebt hatten. Als er das zum ersten Mal getan hatte, hatte Ulrike gesagt: Und das ist mehr als Harmonie. Und er hatte gerufen: Harmonie ist furchtbar, das ist der Friedhof des Gefühls. Während Übereinstimmung, hatte sie gesagt, der Augenblick ist, in dem zwei Menschen, die sich, nur mit dem Instinkt bewaffnet, durch das Labyrinth der Ablenkungen kämpfen, plötzlich erleben, dass sie unablenkbar einander erreicht haben. Ulrike, hatte er gerufen, Ulrike. Und sie: Exzellenz, ich finde es lieb, dass Sie nicht merken, wie ich Sie imitiere. Aber ich gebe zu, es macht mir Spaß." (Walser, 2008, S. 234 f.)

1. November 2009

Heute scheint Allerheiligen oder so etwas ähnliches zu sein. Ich gehe nicht auf den Friedhof, wo mein Vater liegt. (An einem Tag, an dem alle gehen, ginge ich sowieso nicht.) Ich habe, obwohl er schon vor Jahren gestorben ist, noch keine einzige Träne um ihn geweint. Grund: Kommunikationsverweigerung, Schweigen. In den letzten Jahrzehnten konnte ich mit ihm über *nichts*, was mich interessierte oder berührte, sprechen. Schweigen ist die schlimmste Aggression, das größte Verbrechen.

„Auch scheint es mir, dass das gröbste Wort, der gröbste Brief noch gutartiger ... sind als Schweigen. Solchen, die schweigen, fehlt es fast immer an Feinheit und Höflichkeit des Herzens." (Nietzsche, 2009, S. 22)

Über niemanden habe ich so viele Tränen vergossen wie über Dich. Jetzt schweigst auch Du.

1. November 2009

Nach diesem Projekt bin ich hoffentlich *frei*! Frei, in bezug auf Dich zu machen, was ich will oder was mir gerade einfällt: Nie wieder an Dich denken oder Dich abpassen und erschrecken. Oder irgendetwas anderes.

1. November 2009

In „unserem" Lokal. Mir fällt ein bzw. auf: Beethovens „Für Elise" liefert im Mittelteil die optimistisch-überschwengliche Ergänzung zu „unserer" eher melancholischen „Traummusik".

2. November 2009

Man kann es nicht oft genug wiederholen: Unsere Daseinsform, wie sie nun einmal ist – Geburt, Leben, Sterben –, mit Selbstbewußtsein zu verknüpfen, war ein schauerlicher Mißgriff. Das Hineingehaltenwerden ins Nichts (Heidegger), das ständige Fortschreiten in Richtung Nicht-Sein bei vollem Bewußtsein mitzubekommen, hält kein Mensch aus. Man sehe sich auch nur die Dichter und Denker an, wie sie sich reihenweise zutodetrinken oder auf andere Weise umbringen. Und das Heer der Normal-Idioten, die entweder das gleiche tun oder sich abstruse Jenseitskonzepte zusammenhalluzinieren.

2. November 2009

Das wünschenswerte Ergebnis dieses Projekts ist wohl die Wirkung einer gezielten „Wurstigkeitsspritze" in bezug auf Dich. Denn das Problematische an der neutronalen Weltsicht, auf die ich oft umschalten muß (oder die sich von selbst einstellt), ist ja gerade, daß sie nicht selektiv einstellbar ist: Wenn ich quasi den Scheinwerfer, der auf Dich gerichtet ist, ausschalte, geht gleichzeitig auf der ganzen Welt das Licht aus.

4. November 2009

Nachdem ich nun *alles* zugelassen habe, alle Eindrücke, alle Assoziationen, alle Erinnerungen, kann ich die sachliche Situation bzw. den realen Ablauf glasklar erkennen und beschreiben: Du hast bei mir eine Entwicklung in Richtung grenzenlosem Vertrauen, lebenslanger Freundschaft und tiefer Liebe zugelassen, was Du, wissend um Deine eigenen Gefühle und Interessen, niemals – *niemals!* – hättest tun dürfen. Und Du warst Dir dieser Entwicklung in hohem Maße bewußt. Als die Beziehung nicht mehr Deinen Interessen entsprach, hast Du sie einfach beendet.

4. November 2009

Obwohl ich auf neutronale Weltsicht umgeschaltet habe, ist es mir, als hätte ich die Nachricht von Deinem Tod erhalten. Das Leeregefühl paßt ja zur neutronalen Weltsicht. Nicht aber die Betroffenheit, der Schock. Das Zu-ende-Sein war ja schon lange als Möglichkeit da - aber als eine Möglichkeit unter mehreren. Jetzt ist das Zu-ende-Sein, das Aus-Sein das einzige Szenario. Ein großer Unterschied. Es sieht so aus, daß der 4. November 2009 für mich Dein Todestag ist. Es gibt keine Hoffnung mehr, es ist der Übergang vom Hypothetischen ins Kategorische. Das Gefühl erinnert mich an jenen Zeitpunkt mit meiner ersten Realisierungsinstanz, ab dem sie nicht mehr lächelte: Bis dahin konnten wir auch nach längerem Streit, wenn wir uns begegneten, nicht umhin, uns anzulächeln. Mit einem Schlag war das vorbei. Und ab da war alles vorbei. So scheint es ab heute mit Dir zu sein: kein Lächeln, keine Hoffnung. Tot.

4. November 2009

Vom Bräustübl kommend gehe ich über den Mönchsberg. Das erste Mal nach Deinem Ableben. Und wie war es vorher, vor Dir? Da hat mich die erste Realisierungsinstanz gequält. Und was ist „wirklich" wirklich? Daß beide Realisierungsinstanzen reine Hirngespinste waren!

Es ist einsam hier, dunkel. Aber nicht traurig, sondern belanglos, bedeutungslos, leer. Kein Alptraum, kein Hineingehaltensein ins Nichts, nur Nichts. Vermutlich die Geburtsstunde neuer Hirngespinste. Denn im Nichts können wir nicht überleben. Wir brauchen Illusionen, Hoffnungen, Träume – und seien sie noch so unberechtigt und unrealistisch – wie die Luft zum Atmen. In der Realität können wir nicht überleben.

4. November 2009

Ich schlage mit dem Kugelschreiber auf das fast leere

Weinglas. Heller Ton – Glocken, Kirchenglocken, Begräbnisglocken. Dein Begräbnis. „Ihr Begräbnis" müßte es jetzt eigentlich heißen. Mir fehlt immer mehr die Motivation, Gedanken, die Dich betreffen, aufzuschreiben. Offenbar war alles, was ich bis jetzt aufgeschrieben habe, mehr oder weniger direkt an Dich gerichtet.

4. November 2009

Ich sehe keinen Sinn mehr darin, mit Dir Zwiesprache zu halten, Dinge in bezug auf Dich zu erklären, geschweige denn, Dir zu erklären – wozu, wo es Dich nicht mehr gibt! Du verschwindest jetzt als Du, als mein zweites Ich.

4. November 2009

„Berge und Seen, Sonne und Mond – die gesamte Natur hat selbst keinerlei Bedeutung, sondern ist lediglich Projektionsfläche für unsere Gefühle. Wir und nur wir verleihen den Dingen ihren schönen, traurigen, sehnsuchtsvollen oder sonstigen Charakter. Und wenn wir ihnen keine Bedeutung mehr verleihen, weil der Mensch, der uns alles bedeutet hat, nicht mehr existiert, dann haben wir nicht nur diesen Menschen verloren, sondern gleichzeitig auch die ganze Welt. Berge und Seen, Sonne und

Mond sind zu sinnlosen Materialansammlungen ver-
kommen, sind wieder zu dem geworden, was sie waren,
bevor wir sie beseelt haben."

5. November 2009

„War das eine Leichtigkeit jetzt? Eine Leichtigkeit, die
er noch nicht empfunden hatte. Die hieß Lieblosigkeit.
(...) Er war frei. Kein Zweifel möglich, er war lieblos.
Lieblosigkeit ..., eine Geräumigkeit wie noch nie, bitte,
sei's Leere, eine Nichtempfindung, die alle Empfindungen übertraf, er ist erlöst, frei, das ist überhaupt Freiheit, lieblos sein, lieblos, freudlos, leblos, schmerzlos ....
(...) Die Kreatur ist erlöst. Was Moses, vom Aufstieg
auf den Gesetzgebungsberg erschöpft, überhört hatte,
das allererste Gebot, tragödienträchtiges Versäumnis für
alle Zeit, er, auf seinem eigenen Sinai angekommen, erschöpft auch, aber kein bisschen schwerhörig, hellhörig
wie noch nie, hat er das Gebot gehört und begriffen: Du
sollst nicht lieben." (Walser, 2008, S. 284)

5. November 2009

Ich frage mich, warum ich Dich nach wie vor in der
zweiten Person anspreche. Ich sage: „Du bist für mich
gestorben" – anstatt: „Sie ist für mich gestorben". Ich

hoffe, das hat keine Anhänglichkeits-, sondern nur Handwerklichkeitsgründe: Konstanz in der Darstellung, Fortführen des fiktiven Dialoges usw. Gewiß, man kann auch mit Verstorbenen reden, wenn sie für einen weiterhin eine Bedeutung haben. Aber momentan wüßte ich nicht, welche Bedeutung Du für mich weiterhin haben könntest oder solltest.

5. November 2009

Als ich so meinen üblichen Spazierweg gehe und mit teilnahmslosem Blick in die Berge schaue, habe ich den Eindruck, ein Robotermodell meiner selbst zu sein.

5. November 2009

Das Tier-KZ auf dem Berg, über das ich am 15. August geschrieben habe: Egal, wie es mir geht, oder Dir, ob wir glücklich sind oder traurig – oder tot: Dort oben geht der Terror immer weiter. Der Terror gegen Tiere gehört zu *den* Konstanten des Weltgeschehens. Wie kommen die Tiere eigentlich dazu, daß ich dauernd mit einer Toten rede, anstatt ihnen zu helfen!

5. November 2009

Den „reinen Beweis" (Copyright: „Dittsche") dafür, daß Dir frühzeitig *alles* bewußt war, habe ich sogar verdrängt: meinen Heiratsantrag! Und den hatte ich mir *sehr* gut überlegt, das heißt sehr genau geprüft, ob es für diese ultimative Exponierung von Deiner Seite her auch genügend und vor allem genügend starke Signale gibt. Und meinen Heiratsantrag hast auch Du in seiner ganzen Tragweite verstanden. Du warst zwar *sehr* aufgeregt und *sehr* überrascht („Huch, kleiner Scherz, was? Herzinfarkt!"), hast meinen Antrag aber keineswegs inhaltlich voll zurückgewiesen (etwa durch den Hinweis, daß ich mich dabei aber vollkommen verrannt hätte), sondern eher formal: Junge Menschen finden Heiraten heute nicht mehr so wichtig und so. Und mein Heiratsantrag wurde auch später nicht unter den Teppich gekehrt, sondern war in einvernehmlich abgewandelter Form (in Richtung Betonung gemeinsamer idueller Werte und Ziele) stets in dem Sinne präsent, daß immer wieder auf ihn Bezug genommen wurde.

5. November 2009

Was ich noch verdrängt habe: Deine eingehende Lektüre jenes Buches von mir (Du hattest es auch bei unserem Treffen in der Tasche), in dem ich das meiste und Persönlichste von mir preisgebe („Freude, schöner Götterfunken – Glück zwischen Schmerz und Tod"). Du schriebst in bezug auf ein bestimmtes Thema, das ich im Buch behandle und über das wir uns gerade unterhielten: Und wo glaubst du, habe ich bei meinem Exemplar die Eselsohren gemacht!

5. November 2009

Dinge, die mir von Dir einfallen, die ich früher sofort notiert hätte (etwa Deine Sorge, ich ernähre mich nicht gesund genug: „Hau dir täglich zwei Fäuste Obst rein!"), will ich immer weniger aufschreiben – wozu denn? Es ist wie beim Fotografieren: Von und mit Menschen, die einem nichts mehr bedeuten, macht man auch keine Fotos mehr. *Endlich* verliere ich das Interesse an Dir. „Interesse." Das erinnert mich an Deine Begründung für den Abbruch der Beziehung: „Ich habe das Interesse an unserer Beziehung verloren." „Interesse verloren"! Angesichts dessen, was und wie wir uns noch kurz zuvor geschrieben hatten! Der Satz wird das Verbrechen Deines Lebens bleiben!

5. November 2009

Ich sehe den Mond. Verunsicherung: An wen werde ich

denken? An wen „darf" ich denken? Ich erinnere mich an die Mondlandung: Ich habe damals „aus Protest" extra *nicht* hinaufgeschaut, weil ich darüber verärgert war, daß mir die Mondlandung möglicherweise den Mond als Projektionsfläche für romantische Gefühle wegnimmt. Heute bin ich froh über die Mondlandung. Am liebsten wäre mir, sie würden dort oben eine Dauerbaustelle einrichten.

6. November 2009

In der Zeitung lese ich einen Artikel anläßlich der Veröffentlichung von Blochs „Prinzip Hoffnung" vor 50 Jahren. Ich lese das Wort „Luftschlösser". Dazu fällt mir eine Geschichte ein. Ich überlege lange, ob ich sie notieren soll. Wozu denn jetzt noch? Und vor allem: Für wen? Da wird mir klar: Die Frage, wozu und für wen ich das alles aufschreibe, gilt ja im Grunde für alle Eintragungen! Also kann ich auch das aufschreiben – einen Beleg für die luftige Leichtigkeit unserer Korrespondenz: Ich hatte mich dahingehend geäußert, daß wir uns davor hüten sollten, Luftschlösser zu bauen. Anstatt „Luftschlösser" schrieb ich aber „*Lust*schlösser" – und der Kontext legte nahe, daß es sich hier nicht um irgendeinen, sondern um einen „Freudschen Verschreiber" handelte. Über solche Sachen konnten wir uns köstlich unterhalten.

6. November 2009

Ich fühle mich ziemlich einsam – und bemerke erst jetzt so richtig, auf welch absurde Weise und in welch absurdem Maße ich die ganze Zeit geistig mit Dir gelebt und dauernd mit Dir geredet habe. Höchste Zeit, das zu ändern! Diese kranke, ja perverse Situation erinnert mich an einen Hitchcock-Film („Psycho"?), in dem ein Mann mit seiner längst verstorbenen Mutter zusammenlebt und dauernd mit der Toten redet. Auch ich kommuniziere seit Monaten mit einer Toten, mit einer Nicht-Vorhandenen, mit einer Nicht-mehr-Vorhandenen. Aber wahrhaben wollte ich es nicht. Endlich habe ich kapiert, daß meine Gefährtin längst tot ist!

6. November 2009

„Das Problem der Trennung ist das *Problem des Todes zwischen Lebenden*. Die Trennung ist der Einbruch des Todes in das menschliche Bewußtsein – nicht 'bildlich', sondern konkret und buchstäblich. Die Trennung kann zu einem größeren 'Ärgernis' werden als der physische Tod, weil sie – im Dienste des Überlebens – das Bewußtsein *von* einem Lebenden *in* einem Lebenden tötet." (Caruso, 1968, S. 20)

„Der Verlust des Libidoobjektes, das gleichzeitig ein

starkes Identifikationsobjekt ist, führt ... zu einer echten Verstümmelung des Ichs, zu einer nicht zu unterschätzenden Ich-Katastrophe durch Identitätsverlust." (Caruso, 1968, S. 27)

7. November 2009

Am Mönchsberg, auf der Richterhöhe. Ein schöner, sonniger, warmer Tag. Ich scheine Deinen Tod akzeptiert zu haben: Da ist die Windrose, deren beweglichen Pfeil man in Richtung bestimmter Städte einstellen kann. Früher stellt ich hier immer München, eine Chiffre für meine erste Realisierungsinstanz, ein. Daß ich den Pfeil jetzt nicht in Richtung jener Stadt stelle, in der ich Dich vermute, ist ein gutes Zeichen!

Ich betrachte die schöne Landschaft – mittlere Fremdheitsanmutung. Ich erblicke Schloß Aigen, eine Gegend, die früher für mich emotional stark aufgeladen war. Heute: „kein Ausschlag".

Hier um die Ecke, in einem eher verfallenen, schloßartigen Gebäude, hat Peter Handke jahrelang gewohnt. Auch so ein blöder Fleischfresser. Wenn wenigstens die geistige Elite überwiegend vegetarisch lebte! Aber keine Spur, nicht einmal ein ansatzweiser Trend – was viel schwerer wiegt, als vielleicht vermutet: Denn das sind die Menschen, die informiert sind und die denken können. Ich vermute sogar, daß sich unter Intellektuellen und Künstlern besonders viele „bewußte" Fleischfresser befinden. Ein gräßlicher Befund.

8. November 2009

Ich hatte einmal geschrieben, Phasen der Verliebtheit glichen Phasen zum Aufwärmen in einer ansonsten durch und durch kalten Welt. Stimmt. Der Haken dabei: Für ein paar wärmende Augenblicke muß man Stunden im Kühlhaus verbringen.

8. November 2009

Die Tatsache, daß und in welchem Maße Gefühle der Verliebtheit und Sehnsucht die Grundlage kreativen Schaffens bilden, gehört zum Merkwürdigsten überhaupt. Denn die Diskrepanz zwischen den teilweise herausragenden Produkten dieser Gefühle und ihrer realen Grundlage ist so augenfällig, wie etwas nur augenfällig sein kann. Mehr noch: Die schöpferisch fruchtbaren Phantasien entzünden sich oft an *ganz besonders* untauglichen Objekten. Die objektive Beschaffenheit der „kreativen Auslöser" spielt offenkundig praktisch überhaupt keine Rolle.

9. November 2009

Im „Stammlokal". Die Tagebuchform zwingt mich zu gestehen: Ich denke an Dich. (Italienische Schlagermusik ist dem Verdrängen und Vergessen nicht eben förderlich.)

10. November 2009

Heute nacht hatte ich wieder Alpträume, unter anderem stürzte mein Sohn gleich zweimal etwa zehn Meter ab. Er hat beide Male überlebt. Auch ein Gespräch mit meiner ersten Realisierungsinstanz. Sie wollte zum Schluß dann wieder irgendetwas mit mir anfangen. Aber ich wollte nicht. Nicht mehr. Von Dir habe ich auch geträumt. Leider nicht alptraummäßig. Du warst eine Schülerin, etwa siebzehn. Aber ich weigere mich, dieses gespenstische Wiederauftauchen, Dein Wiederauftauchen als Gespenst (Du bist ja tot) zu akzeptieren. „Im Zweifelsfall entscheidet die Wirklichkeit", sagte gestern Hans Magnus Enzensberger im Fernsehen.

10. November 2009

Zu den schönsten Phänomenen, die Liebe bzw. Verliebtheit hervorbringen, gehört das metaphysisch-irrationale

Zusammengehörigkeitsgefühl, daß man sich mit dem anderen auf geheimnisvolle, innige Weise verbunden fühlt.

Ingeborg Bachmann in einem Brief, den sie am 19. Februar 1952 in Wien an Paul Celan in Paris schreibt (Badiou et al., 2009, S. 44):

„Gestern las Klaus im Art-Club Deine Gedichte. (...) Wir sassen noch eine Weile beisammen und tranken ein Glas Wein auf Dich. Rund um uns war es ein bisschen wie Paris .... Aber das ist alles nicht so wichtig, denn die Paris-Atmosphaere brachten uns ja Deine Gedichte, oder der Glanz, der von ihnen zurueckblieb, und wir ueberlegten, was Du wohl zur selben Zeit gemacht haben koenntest. Vielleicht ist auch in Paris Schnee gefallen, wie hier, und vielleicht hast Du Sehnsucht nach Oesterreich gehabt und auch an uns gedacht. Vielleicht hast Du einen kleinen Schneeball von Deinem Balkon geworfen, und wir haben ihn aufgefangen."

Ingeborg Bachmann in einem Brief, den sie am 22. November 1957 in München an Paul Celan in Paris schreibt (Badiou et al., 2009, S. 72):

„Vor sieben Jahren haben wir zum letzten Mal Deinen Geburtstag miteinander gefeiert. Töricht und traurig. Jetzt aber setze ich mich eine Weile zu Dir und gebe Dir Küsse auf die Augen."

Ingeborg Bachmann in einem Brief vom 26. Jänner 1952 an Paul Celan (Badiou et al., 2009, S. 41):

„Nichts kann daran etwas aendern, dass ein Teil von mir immer bei Dir ist und ein Teil von Dir immer bei mir."

10. November 2009

Ein fürchterliches Handicap beim Schreiben ist das Leben – das eigene Leben: Was muß man nicht alles unternehmen, um am Leben zu bleiben, um schreiben zu können!

10. November 2009

Die theoretisch beste Maßnahme wäre, Dich zu treffen. Damit ich endlich kapiere, daß Du tot bist. Leider hat die Sache einen fürchterlichen Haken: Es besteht die große Gefahr, daß ich bei Dir auch die Wirklichkeit – die wirkliche Wirklichkeit – im Sinne meiner krankhaften Liebe zu Dir umdrehe.

„Ich bin ... krank. Aus Liebe. Zu Ihnen. Und darf das Ihnen nur sagen in einem Brief, den ich Ihnen nie schicken werde!" (Walser, 2008, S. 191)

13. November 2009

Im Internet. Es tut mir sehr, sehr gut, Dich als Schreiberin auch „auf neutralem Boden" und in anderem Rahmen zu erleben. Es ist im besten Sinne ernüchternd: Ich erkenne, daß das, was Du schreibst, weder inhaltlich besonders schlüssig noch ehrlich engagiert ist. Kurz: Ich erkenne Deine diversen „Maschen", das Aufgesetzte, das Künstliche – und erblicke dahinter ganz Normales, ganz Unspektakuläres.

„Gegen das Ende des Lebens ... geht es wie gegen das Ende eines Maskenballs, wann die Larven abgenommen werden. Man sieht jetzt, wer Diejenigen, mit denen man, während seines Lebenslaufes, in Berührung gekommen war, eigentlich gewesen sind." (Schopenhauer, 1977, S. 533)

14. November 2009

Ich wünsche Dir und mir und uns, daß Du wenigstens ein bißchen so wirst, wie ich Dich sah und wie Du Dich wohl auch selber zuweilen siehst – wenigstens, wenn Du Dich, wie Du sagst, „an der perfekten Stelle des Käfigs" befindest.

14. November 2009

Im Stammlokal. Nach einiger Zeit fällt mir auf, daß ich nicht an Dich denke. Sehr gut!

14. November 2009

„Ich habe das Interesse an unserer Beziehung verloren" - der fürchterlichste Satz meines bisherigen Lebens. Jetzt, plötzlich, verstehe ich ihn: Als Dein Spiel mit mir nicht mehr so lief, wie Du es Dir vorstelltest, hast Du das Interesse daran verloren. So einfach ist das. Und so grauenvoll.

15. November 2009

Ich muß die Protokollierung unterbrechen, um das Projekt nicht durch Selbstmord zu gefährden. Erläuterung folgt.

15. November 2009

Fortsetzung der Ernüchterung. Mittlerweile bekomme ich mit, daß Du Dich im Internet ausgesprochen bösartig und gehässig in bezug auf mich äußerst. Das stellt die Sinnhaftigkeit des gesamten Projekts in Frage: Ein Tagebuch über eine Beziehung, die nicht einmal mehr buchstabierbar ist mit „Liebe gegen Gleichgültigkeit" – sondern nur mehr mit: „Liebe gegen Gehässigkeit".

16. November 2009

Technisch-professionell stellt sich die Frage: Gibt es irgendeine sinnvolle Möglichkeit, eine Liebe darzustellen, von der bekannt ist, daß sie auf einer Seite nur mehr aus Haß besteht? Hier kommt man an die Grenze des Möglichen.

Klar ist: Wenn ich nicht als vollkommen verrückt angesehen werden will, muß ich hier Schluß machen. Denn an einer Liebe festzuhalten, in welcher Form auch immer, in der einem von der geliebten Person nur mehr Haß entgegenschlägt, ist pervers.

Lebenspraktisch ist es auf alle Fälle heller Wahnsinn weiterzumachen – anstatt die Gelegenheit beim Schopfe zu packen und auszusteigen. Einen tieferen Punkt kann und wird es nicht mehr geben – und damit eine bessere Gelegenheit, Schluß zu machen. Jetzt weiterzumachen, wäre, wie wenn man sich auf der Titanic befände, sagen wir, um einen Reisebericht zu verfassen, nach dem Zusammenstoß mit dem Eisberg die Möglichkeit hätte, sich mit einem Hubschrauber in Sicherheit zu bringen, dies aber unter Hinweis auf seine Chronistenpflicht ablehnte – Berichten bis zum Meeresgrund sozusagen. Das ist meine jetzige Situation – und entsprechend wäre meine Entscheidung, weiterzumachen, zu bewerten.

16. November 2009

Zu erfahren, daß man der Person, die man liebt, nicht „nur" gleichgültig ist, sondern daß sie einen auch noch richtiggehend haßt, ist schon noch einmal eine kategoriale Steigerung. Und dies nicht irgendwie zu erfahren – quasi mit mentaler Fluchtmöglichkeit –, sondern schwarz auf weiß zum Nachlesen, ist noch einmal eine Steigerung. Damit bin ich bei der ultimativen, nicht mehr steigerungsfähigen Unglückskonstellation angelangt: Ich liebe sie. Sie haßt mich.

17. November 2009

Du bist zum zweiten Mal gestorben. Es ist einfach wieder die Erkenntnis, wie bzw. was Du wirklich bist – und die sich daraus ergebenden Konsequenzen: Weitere Liebe und Anhänglichkeit gegenüber Dir, weitere Loyalität gegenüber der personifizierten Illoyalität wäre unverantwortlich gegenüber mir selbst. Weitere liebevolle Gefühle gegenüber einer Person, die ihrerseits offen ihren Haß zeigt, wäre Verrat am eigenen Leben und an dessen

Verpflichtungen. Vor allem aber ist es nun eine Frage der Selbstachtung: Jemandem „die Treue zu halten", der für einen nur mehr Hohn, Haß und Spott übrig hat, ist mit Selbstachtung unvereinbar.

Ich blicke auf „unser" Haus auf dem Mönchsberg; es ist wohl noch lange nicht bewohnbar. So, wie man mir nicht vorwerfen kann, Dich zu früh aufgegeben zu haben, so soll man mir auch nicht vorwerfen können, so soll vor allem ich mir nicht vorwerfen können, unverantwortlich lange an Dir festgehalten zu haben.

Schlußbemerkung

Nachträgliche Analysen ergaben, daß die Annäherung ans Nichts, genauer: die Diskrepanz zwischen den Liebesphänomenen und dem sie auslösenden Liebesobjekt, noch ausgeprägter war, als ohnehin schon angenommen.

Klar war schon vorher: Obwohl das „Aulöserobjekt" bestimmte faktische Eigenschaften haben muß – objektive Mindestvoraussetzungen quasi –, um zum Liebesobjekt werden zu können, besteht dann dennoch eine große Kluft zwischen den tatsächlichen Eigenschaften des Liebesobjekts und den vom Liebenden (vermeintlich) wahrgenommenen Eigenschaften des Liebesobjekts. Und im Gegensatz zu unseren Überzeugungen und Intuitionen sind die Liebesphänomene auch nicht an dieses Liebesobjekt, an dieses Individuum gekoppelt. Vielmehr verschwinden sie, wenn sich dessen faktischen Eigenschaften ändern, ein „objektives Mindestniveau" unterschreiten. Und die – qualitativ und quantitativ gleichen – Liebesphänomene können auch von anderen „Auslöserobjekten" produziert werden.

Im vorliegenden Fall hat es das „Auslöserobjekt", also die Person mit den entsprechenden „faktischen Mindestvoraussetzungen", von vornherein nicht gegeben! Die Aktivierung der Liebesphänomene bei fehlendem „Auslöserobjekt" wurde (nur) durch die digitale Kommunikationskonstellation bewerkstelligt – die die Phantasie eben noch mehr beflügelt, als dies unter normalen, „analogen" Bedingungen bereits der Fall ist.

Es war also ein „Fehlalarm". Die Liebe entzündete sich nicht an einem realen „Auslöserobjekt", an einem attraktiven Menschen, sondern an einer menschlichen Attrappe. Die Liebe war ein digitales Artefakt. Eine objektive Fehlkonstellation löste fatale Phanatasien mit verheerenden Folgen aus.

Literatur

Badiou, Bertrand et al. (Hg.): *Herzzeit. Ingeborg Bachmann, Paul Celan: Der Briefwechsel.* Frankfurt am Main; Suhrkamp, 2009.

Behrens, Jürgen, Michel, Christoph (Hg.): *Johann Wolfgang [von] Goethe: Elegie von Marienbad.* Urschrift September 1823. Frankfurt am Main: Insel Verlag, 1991.

„Besser die Klappe halten", Profil, 35, 2009, S. 70 f.

Caruso, Igor A.: *Die Trennung der Liebenden. Eine Phänomenologie des Todes.* Bern: Huber, 1968.

„Das Böse lebt in der Tat", Die Zeit, 44, 2009, S. 39.

Drösser, Christoph: *Zu schräg für unser Gehirn,* Die Zeit, 43, 2009, S. 37 f.

Goethe, Johann Wolfgang [von]: *Faust. Der Tragödie erster Teil.* Stuttgart: Reclam, 1977.

Goethe, Johann Wolfgang [von]: *Gedichte.* Stuttgart: Reclam, 1964.

Hölderlin, Friedrich: *Gedichte.* Stuttgart: Reclam, 1966.

„Ich beneide jeden Schreiner", Profil, 34, 2009, S. 85 ff.

Ich hatte so viel Glück!, Die Zeit, 43, 2009, S. 49.

Lauster, Peter: *Liebeskummer als Weg der Reifung.* Düsseldorf: Econ, 1991.

Ludz, Ursula (Hg.): *Hannah Arendt / Martin Heidegger: Briefe 1925 bis 1975.* Frankfurt am Main: Klostermann, 2002.

Nietzsche, Friedrich: *Ecce Homo.* München: Deutscher Taschenbuch Verlag, 2009.

Reichard, Peter: *„Ich bin stark"*, Zeit Magazin, 3, 2010, S. 21 ff.

Rilke, Rainer Maria: *Ausgewählte Gedichte.* Frankfurt am Main: Suhrkamp, 1980.

Robo sapiens, Profil, 35, 2009, S. 82 ff.

Schiller, Friedrich: *Gedichte.* Stuttgart: Reclam, 1969.

Schmitt, Stefan: *Die Wurzeln des Bösen*, Die Zeit, 44, 2009, S. 37 f.

Schopenhauer, Arthur: *Zürcher Ausgabe.* Werke in zehn Bänden. Band I, Zweiter Teilband [„Aphorismen zur Lebensweisheit"]. Zürich: Diogenes, 1977.

Schwarz, Manfred: *Idyllen der Verzweiflung*, Die Zeit, 39, 2009, S. 65.

Störig, Hans Joachim: *Kleine Weltgeschichte der Philosophie.* Stuttgart: Kohlhammer, 1970.

Vom Tod geschieden, Der Spiegel, 48, 2009, S. 62 ff.

Walser, Martin: *Ein liebender Mann.* Reinbek: Rowohlt, 2008.